薛瑞萍班级日志

破茧而出的四年级 上

薛瑞萍 著

江西教育出版社
JIANGXI EDUCATION PUBLISHING HOUSE
·南昌·

图书在版编目（ＣＩＰ）数据

破茧而出的四年级.上/薛瑞萍著.--南昌：江西教育出版社，2020.11
（薛瑞萍班级日志）
ISBN 978-7-5705-1982-8

Ⅰ.①破… Ⅱ.①薛… Ⅲ.①小学语文课—教学研究 Ⅳ.① G623.202

中国版本图书馆 CIP 数据核字（2020）第 140285 号

破茧而出的四年级（上）
PO JIAN ER CHU DE SI NIANJI（SHANG）

薛瑞萍　著

江西教育出版社出版

（南昌市抚河北路 291 号　　邮编：330008）
各地新华书店经销
江西千叶彩印有限公司印刷
开本 880 毫米 ×1230 毫米　　1/32　　印张 8　　字数 140 千字
2020 年 11 月第 1 版　　2020 年 11 月第 1 次印刷
ISBN　978-7-5705-1982-8
定价：36.00 元

赣教版图书如有印装质量问题，请向我社调换　电话：0791-86710427
投稿邮箱：JXJYCBS@163.com　　电话：0791-86705643
网址：http://www.jxeph.com

赣版权登字 -02-2020-321
版权所有　侵权必究

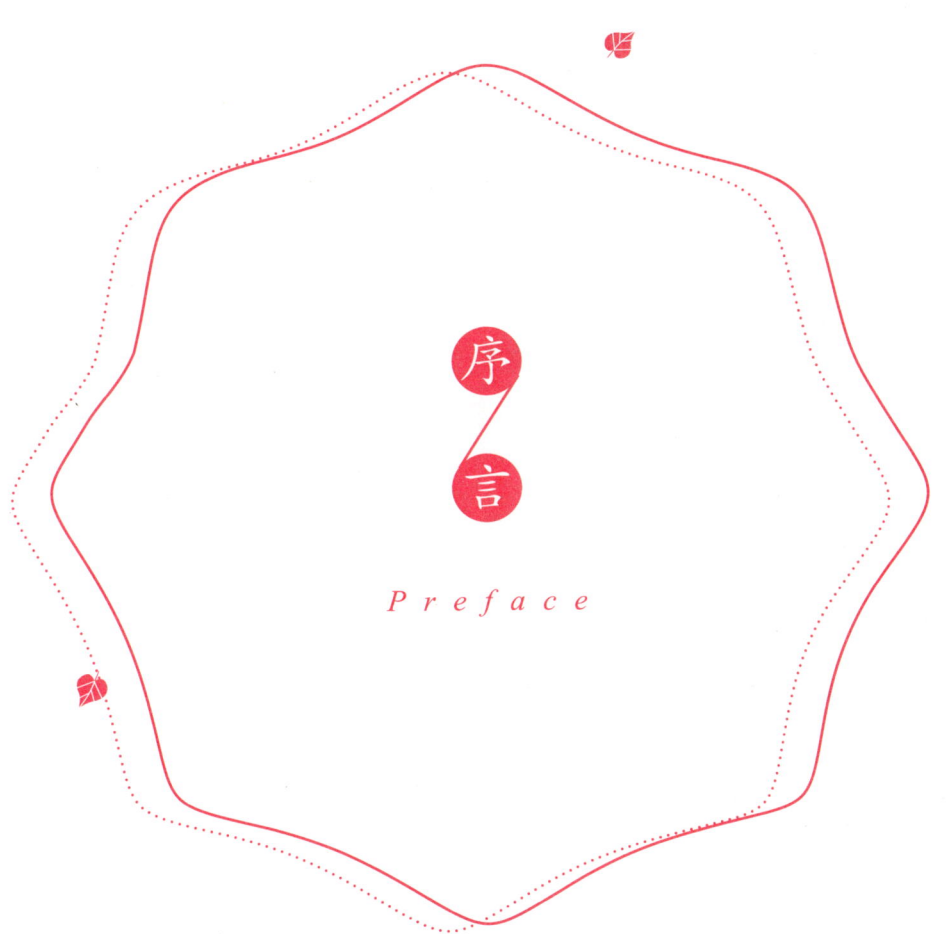

序言

Preface

只是陪伴

一

1979年10月，赵化玉老师引导同学们写日记。那年我14岁，正读初二。14岁，初二，才开始学写日记！那是怎样一个散漫而魔幻的年代！

倏忽41年过去。敝帚自珍的20多本自说自话也好，教育论坛上的教学叙事也好，喜马拉雅App上的"看云读书"系列讲述也好……都是日记，是寻常岁月在文字和声音里留下的印记。源头，都在教我语文的赵老师那里！

对我来说，日记是生活记录，也是生活本身。记录带来反思。反思与不反思的日子，怎么可能一样？

二

从教37年，服务7届孩子。

1984年8月入职，我接手的是三年级。2020年10月退休，我告别的是五年级。中间五轮大循环，"心平气和"的这一届是第四轮。其时正值"新课标"勃兴,其时恰逢"信息时代"到来。那些年头的老师,真是既淳朴又浪漫,既飞扬又踏实——

读帖、跟帖、争论、交流……"论坛时代"少有图片,更鲜见视频,大家展示或比拼的就是文字,是文字叙述的实践与思想。诚实的书写总能获得热忱鼓励,让发帖人欲罢不能。

就这样一路行一路写,从"兴致勃勃"到"栀子花开",实实在在!始于2004年8月30日、结在2010年6月13日的六部"流水账",是孩子的成长记录、教师的心路历程,也是一个时代的产物和证明。

此情可待成追忆,只是当时已惘然。

倏忽10多年过去,学校及整个教育环境发生了巨大变化。然而同行以及家长,依然记得这套班级日志。大家的记得,也许是对一个时代、一种情怀、一种教育生态的想念吧。

三

再版之际,需要强调的是三点反省。

反省之一:关于写话和日记。

一个突出的过失,就是鼓励进而要求一年级孩子写话。名为"自愿",然而一年级的家长和孩子哪里禁得起老师,尤其是看云老师的鼓励和刺激!后来我才知道,为了写出得到表扬的那几句,孩子一家往往需要忙到很晚。原本这些时间应该是孩子用来运动、玩耍、阅读和睡觉的。如果老师真的"心平气和",就该懂得等待,等"时候到了"再让孩子写。那么孩子会少累很多,而且事半功倍。

之后的两届,看云给学生和自己减负,二年级开始写日记,一周一篇,及时点评。事实证明效果更好。《写作课》就是这种反思与实践的记录。

反省之二:关于阅读。

一年级每天背诵两首儿歌,二年级鼓励孩子读整本字书——这就让阅读罩上了求多、求快、求深、求早的"火烧云"。无视"此一阶段"孩子的感觉和需要,减损了儿童阅读应有的从容与舒适。

具体到"儿童经典诵读",当年的我还是过于强调背诵了。这是对"显性成果"的偏执,应当检讨。当我批评"诗词大会"沦落为"背诵大会""记忆大赛"的时候,我常常想起自己班上的"赛诗会"。一位女生曾因此紧张到肚子痛。

反省之三:关于考试。

连续贴出的"单元测验情况"说明什么?说明我还是把分数看得太重。这不是基础教育工作者应有的心态。之后两届,看云不再为了分数跟自己及孩子过不去,也不再盯住弱孩子帮扶到底。

终于明白:不管你教得如何努力,也有孩子就是考不及格,且这些孩子有权过"不及格的幸福生活"。也就是说,看云无权要求孩子、家长和自己一起"为了及格而奋斗"。奋斗的结果是:那个家庭终于不能承受"师恩的压力",让孩子转学走了。

几年之后,当孩子母亲告知原委时,我才明白:教师要自觉限制自己的行为,包括以爱为名的过度期待、过度帮助、过度打扰。否则,教师就是在制造教学污染,令人避之不及。

四

连续性是第一重要的教育原则,也是看云著述的特点。日记嘛!

同是教育叙事,对比《给我一个班,我就心满意足了》和《心平气和的一年级》,同是毕业致辞,对比《投我的影子在你们的卷上》和《世界上最重要的事情》,从浪漫到质朴的一路,流转的是岁月,也是心境。

经典诵读是一种生活方式,也是一种教育理念。在我这里,作为班级实践的儿童经典诵读开始于"心满意足"那一届,具体地说,是开始于1998年9月。

那一届的一年级,我们人手一本《365夜儿歌》;那一届的二年级,我们人手一本注音版《365夜日记》。到了六年级,我们诵《爱莲说》《新月集》,读《铁道游击队》《红日》《我们仨》《汤姆叔叔的小屋》《苏菲的世界》《小王子》……。将班会和家长会开成读书会;就阅读给家长写信,也是从那一届开始的。

"心满意足"的那一届,我还在"成绩报告册"里私自添加了

"阅读"一科。一至六年级，每个孩子的"阅读课"成绩都是具体而实在的，打分依据是各人的诵读状态及读书分享表现。目的就是用分数促使孩子及家长重视阅读，爱上阅读。

"无限信仰书籍的力量！"

苏霍姆林斯基的信念也是我的信念。

五

"班级阅读课程化"是书香班级的硬核所在，课程化的内容和节奏，只能在连续真实的摸索与实践中得以产生和确定。

当《教六年级的日子》在栀子花香中结束，"我们班的阅读课程"也如一条道路在眼前延展。那就是：

1. 向家长募集资金，建立班级书库，保证孩子每天能够借阅一本图书。

2. 一周一个故事，固定时间讲述，讲述内容主要来自班级图书。

3. 以《日有所诵》为材料，日有所诵。

4. 以吟诵的方式学习古诗，一周一首，形成韵律。

"除了吟诵，前三项我几乎都在做。薛老师，原来我也在做阅读！

"刚上课的时候，教室不是有点乱吗？我就让学生读书给我听。低年级读儿歌，中高年级读诗。就一两分钟，很提神，很聚气。

我喜欢用小故事创设情境,然后他们自由作画。我还鼓励学生从图画书里找灵感。他们画的时候,我就看书。每个班都有书柜,都有看不完的好书!"8月21日上午,隔壁值班的美术老师说。

是啊,是啊。如呼吸,如饮食;如水渗地,如风入林。我的同事们,不分学科、自然而然——都在做阅读。

六

说说占用思品课的事。

16年前,2004年9月,校长巡课时就注意到看云课堂的不一样。她既好奇应该紧张的语文课何以可以听音乐,也诧异于思品课何以能够听歌、读书、写作业。前者太过奢侈,后者明显违规。

说服校长的,不是"课改""整合"以及"完整的教育""完整的人"这类说辞,而是日子一天天过去,一(2)班呈现的秩序井然的状态。

文明沉静,知书达理。

书香班级是非少,书香家庭幸福多。

这是我的信念,也是我对孩子及其父母的期待。

37年,我和搭档没有碰到特别难沟通的家长;37年,校长们——算起来共有7任,没有遭遇过来自我班家长的困扰。这是我的福气,也是历任校长对我特别包容的原因。

占用思品课不是一件理直气壮的事情，需要先完成思品课教学任务，需要有"做完整教育"的事实，更需要相对宽松的环境、相对包容的领导。年轻的同行啊，不要被我误导了。

语文课时向来紧张。不要贪多，不要急躁。首先要踏踏实实完成教学任务，其余能做多少做多少。

阅读固然重要，更重要的是我们师生的健康和舒心。

七

关于诵读、吟诵、讲述，都有完整连续的课堂记录出版。这里特别想说的是"班级图书"，这一块儿太重要了！

班级图书对于班上的孩子而言，是草原之于羊儿，河流之于鱼儿。我确信：优质且适宜的班级图书，是集体生活清洁而丰沛的水源。我欣见：课堂不爱发言的孩子们，课间围绕一本好书，说得热火朝天！

而我自己，归根到底，就是在自由阅读、自主探索中走过来的呀。

"心平气和"之后的两届，家长中颇有热爱儿童阅读、熟悉儿童文学的。于是图书选购日益成为"家委会阿姨"的事情，于是承载了爸爸妈妈童年回忆的《大闹天宫》《黑猫警长》《雪孩子》得以进入班级，成为亲子共读的温馨材料；于是老师把《鸡毛信》《雁翎队》《三国演义》带进教室，使得连环画成为孩子们私下交流的

"硬通货"。

于是呢,在临近退休的日子里,在2020年这个特殊的夏天,承蒙合肥市62中年轻同行的信任——修订版的班级日志就有了分年级、分学期的班级书单。

要计成本,要兼顾中外,我们的书单一直在更新。定格在这里的,是一个参考与回顾。非常局限,非常个人。然而对于一个孩子来说,数量与深度持续累进的这么多书,就相当于一道瀑流、一条路,可以取一瓢饮,也可以凭借阅读所得线索,走向书店、书城、公共阅览室——走向自我教育的彼岸。

不少中国原创的"老书"已经绝版,这是一件非常令人痛惜的事情!特意录在这里,是纪念,也是期待。

有些书广为人知或一搜便知,有些书年轻人鲜少听闻或几乎淡忘。这是书单信息详略不同的原因。特意标明出版和制作单位的只有经典动画和连环画,是为了表达一份个人的感情。

致敬《连环画报》、上海人民美术出版社、上海美术电影制片厂。它们以良心创作滋养了包括看云在内的几代人,我们不应该忘记。

八

关于世界儿童文学,请尽量购买保留原著插图的版本,这才是严格意义上的正版。

比如《小王子》《西顿野生动物故事集》《杜立德医生的故事》《天使雕像》，作者本人亲笔描绘的插图，是作者在文字之外，为读者开启的一扇心门！

比如《时代广场的蟋蟀》《塔克的郊外》《夏洛的网》《精灵鼠小弟》，盖斯·威廉姆斯和E.B.怀特的插图，是故事不可分割的部分。仿佛骨中之骨，肉中之肉。

还有英格丽·凡·奈曼所作《长袜子皮皮》的插图，笔触之温软与纯净，背景之明澈与空灵，几乎可以在阅读之前，先触动我们的心！还有灰谷健次郎的《兔之眼》，最令本班孩子难忘的，是那些充满力量的插图。至于E.L.柯尼斯伯格的《小巫婆求仙记》——"不看图，你绝对想不到，她是一个黑人小女孩！"

如何习得鉴别插图真伪的眼力呢？彭懿老师的《世界儿童文学：阅读与经典》是可靠的教材。我以为,《世界儿童文学：阅读与经典》《世界图画书：阅读与经典》兼具学术性、思想性、艺术性，是小学语文教师之必读书。

九

"干净"是我对写作的追求，然而"干净"似乎是没有止境的。所以要修订，要删冗。编辑用心做出索引的这一版，定能为你节省时间，带来方便。

至于说到这一套日志的意义,那就是——

陪伴。只是陪伴。

父母也好,教师也好,比起2004年,挑战更多,压力更大。

挑战更多、压力更大的何止教师和父母呢?对于中国来说,"三千年未有之巨变"一直就没有停歇过,所以我们一直在探索和适应中。然而总有一些东西是必须坚守的,那就是——

对儿童的忠诚,对真教育的追求。

忠诚服务儿童,努力实践真教育的同道啊,愿你足下的道路,长远而坚实。

感恩你的开卷!

祝福你和你的孩子!

薛瑞萍

2020年8月23日

身安道隆

季祥珍老师是扬州人，也带四年级。"心随我动——我的教育和生活"是她的主题帖，也是我常去浏览的帖子。眼睛坏得几乎瞎了，故而对于朋友的帖子，我总是看得多，跟得少，只是默默感动于大家的奋进与劳苦。我有一个习惯，读帖之前，总要先瞄一眼发帖时间，而我看见的时刻，又多在夜间，甚至深夜。就在下意识的一瞥中，一线疼痛拉过心尖。于是我更少跟帖，怕的是那些喜欢我的年轻人因此受了鼓励，越发不知珍重地熬夜去阅读、思考、写作，忘记了自己一直在透支，一直在过度付出。

"两眼一睁，忙到熄灯。躺在床上，想着学生。"这话真实道出了如今中小学教师，尤其是班主任的生活状态。教师是专门提供精神帮助与成长支持的行业，这个行业一方面需要从业者具有高度自觉的奉献意识，一方面需要从业者自身拥有充沛的力量——真真切切感觉到自己有尊严、有自由、有智慧、有力量。一个教师，尤其是年轻教师，当他身心疲惫却动辄得咎的时候，当他被要求奉献再奉献，却绝少得到关爱、宽容与呵护的时候，如何可以品尝到职业荣耀的滋味，又如何可以给人以帮助、输人以力量？

残忍且不露声色地，霉菌一样的职业倦怠正广泛而深入地侵蚀着教师的身心健康。在很多优秀教师那里,支撑他们强打精神"兴致勃勃"的,是无处不在的客观压力,更是于不知不觉间内化到骨髓深处的职业道德。

> 我累了,夜空里的香水百合曾经盛开过,但是现在谢了。花谢了,月亮老了,星星睡了。我坐在电脑椅上不想动了。
>
> 守望是永恒的距离,距离创造的不仅是美,更是不可触及的精神柏拉图。网络太纤细,无法承载太多太厚重的情感。想要的其实是彼此的温暖、彼此的给予、彼此的扶持……

在季老师的帖下读到《我累了》。同时读到的还有太仓许丹仙的日记,真正的兴致勃勃,斗志昂扬:"一个问题,如果家长确实无法陪伴在孩子身边,怎么办?还是要唤醒孩子内在成长的冲动,只有这样,成长的力量才不会枯竭。说到底,成长是为了自己啊。"

我知道,两篇文章、两种情绪放在一起,才是季老师、许老师的真实,才是我辈的真实。

许老师带着两个班的语文,还是班主任,还是教研组组长,头发都累成拉板儿直了。许老师的睡眠一向不好。听说看云日日喝的"麦茶"效果不错,于是嘱咐看云"有时间把方子说给我"。今天星期六,今天有时间,今天搜出合肥网友戴菊丽老师的原话给她:"把炒小麦一小把(小麦洗干净,晒干,炒熟)、红枣10颗和炙甘草一小把(中药房有售,5分一克)放在一起,在砂锅里烧开,当水喝，喝完再烧一次。我每天都烧，喝起来甜丝丝的，感觉效果很好，不用再服其他药物了。"

"身安道隆。""治人事天莫若啬。"再三再四，我对朋友如是说，恳求她们不要让网络吸干了自己。然而我为什么要在周末写这样的闲话呢？我为什么守不住"一周只写两篇，一篇不超过2 000字"的底线呢？

"悠悠万事，健康为大。写帖子很耗心血的。多歇少写，多做户外活动。""如看云一样，因为网络写作而一再出书的小学教师，全中国能有几个？"然而我又怎么知道起步更早、上进心更强的年轻人，假以时日，就不能取得比我更高的成就呢？

但愿朋友们不要以为我是在玩欲擒故纵的低级把戏。但愿所有朋友尤其是年轻朋友，和我一起牢牢记得："悠悠万事，健康为大。"

法不孤起，弘之在人。身安则道隆。往最基本的事实说，这是我们和我们亲人的平凡幸福所系；往更朴实的道理说，这是中国教育的希望所在。

薛瑞萍

2007 年 10 月 20 日

8月 有信心，有期待

001 ... 八八六十四

9月 在我看不见想不到的时候

007 ... 就在这薄阴的初秋的下午
011 ... 朗诵·倾诉·春天的原野
015 ... 过　　滤
020 ... 感性是血肉，理性是骨架
027 ... 我们的节日，我们的艾玛
031 ... 四年级就是四年级
034 ... 生活原本如此，世界原本如此
041 ... 在我看不见想不到的时候
047 ... 谁说弱者的愤怒是渺小无力的？

/ 001 /

052 ... 也是破茧而出

060 ... 云　刀

*10*月／水到渠成的事情

066 ... 水到渠成的事情

071 ... 为什么是《昆虫记》

073 ... "他看见了人！"

080 ... 是普罗米修斯自己，是人类自己

085 ... 找到爱，才算找到自己

*11*月／这就是我的作文指导

094 ... 12 字口诀

099 ... 自然地引导

103 ... 谁来做监工？

108 ... 朗读带来的是震动

115 ... 不知不觉

119 ... 这就是我的作文指导

125 ... 震动激起行动

129 ... 静　默

136 ... 鸭塘问答

12月　一旦飞翔，永远飞翔

142 ... 编辑童话

147 ... 男孩就是男孩

151 ... 人一开心话就多

155 ... 浸　润

165 ... 更可靠的写作引导

169 ... 分层再分层

174 ... 一旦飞翔，永远飞翔

184 ... 考试真的好难啊

187 ... 阳光多么美好

1月 / 不是我相信，而是我知道

190 ... 我们首先应当看重的

196 ... "老师，我借书！"

204 ... 艰难的成长

212 ... 赛诗会

218 ... 猫眼看世界

225 ... 不是我相信，而是我知道

附 录

230 ... 索 引

232 ... 班级书单

8月 *August* 有信心，有期待

2007年8月31日 / 星期五  阴雨

八八六十四

开讲座、听讲座、备课、评课、挪动教室、填写各种表格……上班，马不停蹄地忙碌——其实已经一周了。

学生28日报到。对面的柏堰村小终于关闭，全校最后二十几个学生，不得不转学来到62中。四（2）班再度成为全校人数最多的班级。

4年以来，从上届到这届，从一年级到四年级，设计容量为50人的教室，实际容纳学生人数依次为55人、58人、60人、64人。

既是借读,从理论上说,四个新生也可以转到几十公里以外的兴园小学、梦园小学。如果那样,教室就不像这样挨挨挤挤、密不透风,让人有夺门而逃的冲动了。

班额达到60人就分班,这是学校早就规定了的。现在的二年级,就是因此而有了三个班,每班人数40许。可那三个班是一入学就分开的。四年级了,两班混合了重分,这势必要在学生和家长的中间引起极大的动荡。

我和严老师找到校长,希望他能规劝两班各4名新生转到兴园小学和梦园小学去,校长答应尽力而为。

回到家里,心中忐忑。我对先生说:"张婉君、魏鹏、宋世君、罗照伟——如果没有看见也就算了。可是现在,我已经看见他们了,怯生生的,个头和我的学生差不离。如果校长努力成功,这4个孩子就会因为我的拒绝而车来车回地每日奔波。刚刚四年级啊,我是不是太残忍了?我是不是在造孽?"

"那就留下他们吧。"

"可是那样一来,教室就成紧箍箍的大蒜头了!为了秩序,班上总得有一两个坐不住的孩子单独坐。64人,密不透风啊,相比于班主任,任课教师的压力要增加更多。而这些压力,最终都要集中到班主任身上。压死毛驴的,是最后一棵草。这回倒好,一下来了四棵草!"

"那就坚决不收！收一个就分班！"

"分班不现实，不收于心不忍。"

"那你怎么办？"

"听天由命吧。"

最终结果，照单全收。我对唐老师说："这下我是全校最踏实的人了，这下我们班再也不会进人了。再来一个，就只能坐讲台了。"

在我的班级，到三年级为止，最调皮、成绩最差的，从来都不是陆续后来的"新生"，而是那些个"老同志"。新生的到来，对于班级的秩序和教学多少都会带来一些冲击——教师自信能够帮助这些孩子尽快融入集体、尽快跟上节奏。现在，不知道他们具体的学习和表现情况，不宜也不该为他们设定目标，一切尽力而为就是。对于这4个孩子来说，来到62中，无论如何，也比在村小好——更不要说是去离家几十公里的兴园、梦园了。

两个月的暑假过去，孩子们都长高了，座位做了较大调整。我估计过去几日，有几个妈妈可能日煎夜熬，忧心如焚！我知道很多平时不来论坛的家长，这几日必定天天来看"四（2）班的故事"是否开张。

新学年的第一帖，等于是个小范围的网上家长会，希望读到的家长把我的意思广而告之——下面教师接着说。

座位是家长的敏感点，更是班主任的头疼事。家长对于座位过分敏感的原因不外乎有二：其一，孩子多动，容易干扰别人，害怕孩子被发配到"被遗忘的角落"；其二，孩子性躁，易受干扰，听课格外依赖同座的安静。殊不知，潜伏在敏感背后的，是家长对于孩子乃至对于教师的不信任；殊不知，过分优越的座位环境恰恰断绝了孩子于磨炼中渐渐获得自控能力的可能性。在过去的三年里，这种敏感，既加深了孩子对于"我不行"的负面认同，也加深了教师对于孩子及其父母的负面印象。

新学年新在哪里？就是程度不同地，人人精神都有新气象，人人心中都有新期待。教师对班级充满信心，学生对自己充满信心。一路走来的家长啊，也该对教师、对孩子、对自己充满信心。

学生的课堂表现，总是班主任与任课教师日常交流的重点；每次的座位调动，都是班主任与任课教师斟酌协商的结果。家长所关注的，也在教师的关注之内。所以啊，作为父母，能做和该做的，就是首先教育好自己的孩子，然后把信任给予教师、把信心给予孩子。只能如此，你别无选择。否则你的焦虑，只能让孩子变得更加躁动，更加孱弱，更加不能自控，更加缺乏自我教育能力。这种对于环境过分依赖的劣根性，必将成为孩子一生致命的缺陷。

28日我让孩子转告家长：关于座位，只能反映情况，不可要求调动。对于表现不好的同座，该教育还是该调动，教师会在调查之后，慎重处理。决定座位的权力，在对全班负责的教师，而不在心中只有一个孩子的家长。

多年经验告诉我：后排稳则班级稳，后排优则班级优。所以本班成绩最好、自控力最强的孩子，恰恰集中在后排。每次讲绘本的时候，教师总是问："最后排的同学能看清吗？"每次提问的时候，教师期待的目光总是首先投向后排。

今后，这种倾斜将更加明显，更加有意。

多年经验还告诉我：四年级是班级成长的转折点。所谓"123，爬上山"，一至三年级确实是小学阶段最艰难的时期，不少班主任却因为四年级大意了，使得班级一不小心陷入混乱与松懈。所以在四年级，我会更加着力培养孩子对于阅读的热爱，更加关注孩子各科的课堂表现。

因为即将加重的工作负担，我向数学老师致歉。李老师哈哈大笑："你放心吧！学前班撤销了，我的负担轻多了。这一年，我会集中精力抓好四（2）班的数学；同时，我还可以协助你做好班级管理工作。"搭档同心，全班有幸啊。这让我十分感动。

英语老师是新来的教师，我也会和她多联系。尤其是在开学之初，我会在不影响教师威信的前提下，关注学生每一节英语课的表现。

好的开头即便不是成功的一半,也是成功的四分之一。

座位以后还会常做"微调",家长请以平常心待之。

四(1)班也来了4个新生,目前共有60人。严老师提出匀过去两个,这样两班就都是62人了。可是我想:既然那4个孩子在一片忙乱中领着条子进了四(2)班,缘分所在,我就不该推出去。况且四(1)班的两个特殊学生早已让严老师焦头烂额。所以,请各位家长不要对此议论横生。

八八六十四。希望我的四年级,一路都发。

四(1)班、四(2)班是一个整体。希望我们的四年级,一切都好。

有信心,有期待,结局可能好,可能不好;没信心,没期待,结局只能是失败。

在我看不见
想不到的时候

9月1日 / 星期六 ☁ 阴

就在这薄阴的初秋的下午

上午8:00，学生来了，家长来了——蒙蒙细雨夜里就来了。操场上的开学典礼短暂而热闹，很有意思。

排队回教室。唐老师和盛建福荣的爸爸帮助收学费的同时，班主任做座位微调。学费收齐的时候，学生也坐"定"了，于是教师指着板书训话。不少孩子还带了纸笔记录。以下是教师训话内容，仿宋体为板书。

一、"云门弟子（四上）"。

昨天开张了。我们的信息课呢？已经上了两年了，大家早就应该会上网、会打字了。家里有电脑能上网的，希望每周发表日记一篇。多了我也不要，因为要保护眼睛。不要再像三年级那样，每天读到的，都是关于远方的妈妈和弟弟妹妹的日记，这对老师、对我们四（2）班来说，都是很没有面子的事情！

二、"四（2）班的故事"。

也在昨天开张了。老师已经贴出了新学期的第一篇日记，题目叫作《八八六十四》。四年级了，你们还是每周三篇日记，字数300以上。老师呢，每周两篇，每篇字数2 000左右。希望你们在贴日记的时候，也去看看老师的文字。我们互相了解，互相学习。

三、星期四，读书课。

经过对课程表的仔细研究，老师决定本学年的读书课还安排在星期四上午。今天是9月1日，到9月6日星期四，我要检查新学期的三篇日记。第四组的同学照样逐个在课间读给我听，从中选出两三篇佳作，在课堂上朗读、展示。当然，我们还要接着背我们的"3+2"——《唐绝句·飞鸟集》。

四、星期一正式上课，书包装上"田字格""小方格"。

这样我们在第一节课就可以抄生字、抄词语。不必因为总务处配发簿本不够及时把作业延迟了。

训话结束，又在空旷的教室里给四位羞怯的新生家长开会。说希望、提要求，真可谓语重心长，谆谆教诲！讲得那几个农哥农嫂心情激动、目光闪亮。

所有的人都散去了。静悄悄的教室里，教师在画着田字格的小黑板上一笔一画地写第一课的生字。

星期一当然还是朗读课。可是因为上课的第一天恰是星期一，所以，这第一节课，我就必须用来上"正课"。听说读写，按部就班；从严要求，毫不含糊。一个暑假松弛久了，我就是要让学生从第一天、第一课起，把脚跟在课业上、在秩序上站牢立稳了。二年级以来，每学期的班级图书借阅，都是从第二周开始——其间所读，都是各人从家里带来的书——也是这个原因。

深根固本，然后枝繁叶茂；中心不动，然后随心所欲。这是不能颠倒了来的。

一报到，就在整洁的教室里坐下，而不是又搬桌椅又打扫，东跑西窜乱哄哄；一上课，就该讲的讲，该读的读，该写的写，而不是手忙脚乱，等这等那。一分钟都不耽误，一节课都不对付，一个细节都不迟疑，一个环节都不松动。一切的一切，契合着孩子格外新鲜灵敏、格外易受感染的精神状态——按部就班，依律而行。

报到、典礼，还有上课第一天，在开学之初，对学生而言，这是三个兴奋区。教师一定要在这三个敏感时段，如同点穴一样,把自己的决心、信心、期待、要求,准确有力地传达给班级的每一位学生。如此这般,以后的事情会轻松很多。

什么叫好钢在刀刃?这就是。

什么叫打蛇打七寸?这就是。

消防队员似的焦头烂额,以及按倒葫芦起来瓢的困窘的根子,大多是在开学之初由教师自己亲手种下的。

午睡醒来,打开电脑,看见"云门弟子"的下面已经十分热闹:梦想天使(马静婷)、阿童木LSJ(李宋杰)、小小彩蝶(韩玉琤)、小春苗ye(叶少华)、小荷儿(胡婧怡)、小金鱼QQ(李卓然)已经在那里叽叽喳喳地占位置、发日记了。

这是薄阴的初秋的下午,家属区里颇为安静,楼上的琴音断续传来,窗外的人声时或响起。一切的一切,好像和昨天没有什么两样,可是我知道,就在这薄阴的初秋的下午,班级的列车已经隆隆启动,强劲的车轮已经徐徐向前:轰隆,轰隆——呜——

于是我也赶紧就位,完成开学第一周的第二篇作业。

9月3日 / 星期一 ☁ 阴雨

朗诵·倾诉·春天的原野

也不范读,也不看生字,打开书,径直开读。除了个别人误"浸"成"侵",没有一处犹豫磕巴。这是预料中的——否则,我们的日有所诵和手不释卷白折腾了。

正音,重读。然后才学生字词。

再读。两组一拨儿分角色、交换角色:来来回回,像游戏也像竞赛。教师的鼓动和点评,一再拨旺他们的兴趣和斗志。

A:在昨天和今天之间铺设大道,

B:在现实和理想之间架起金桥。

合:啊,教师的事业多么崇高!

A:古今中外,哪个人的成长不浸透着教师的心血!

B:地北天南,哪一项创造不蕴含着教师的辛劳!

A:每当看到时代在飞速地前进,

B：我心中就涌起感情的波涛：

合：老师，您好！

A：用真理和智慧把人才塑造，

B：让春晖和朝霞在心灵闪耀。

合：啊，教师的事业多么美好！

A：笔尖飞舞，那是春蚕悄悄地编织理想的丝线；

B：笑语盈盈，那是甘露轻轻地洒向茁壮的新苗。

A：每当看到鲜花在幸福地开放，

B：我就情不自禁地衷心祝愿：

合：老师，您好！

感觉孩子即将疲倦了，教学转到对于知识点的吸收消化：第一段，将两个反问句转述为陈述句；第二段，抓住"春蚕""甘露""新苗""鲜花"，用"把……比喻成……"和"用……比喻……"的句式，将隐着的比喻揭示得清清楚楚。

学生程度参差不齐。有的一点就透，脱口而出；有的听人说罢，恍然大悟；也有的似懂非懂，鹦鹉学舌。这很正常，原本就该这样的。语文嘛，你可以让所有孩子的声音整齐划一，但你如何能够让所有头脑的反应整齐划一呢？鹦鹉学舌又怎样？学着学着，没准儿慢慢也就懂了。64个人，就算有一个两个——三个！终其一生都不明白反问和隐喻，那又怎样呢？不明白就不明白呗。

能够帮助赢弱的孩子懂得和领悟的，不是客观冷峻的水至清、人至察，不是充斥了焦虑、恐惧和羞辱的检查、催促、硬灌，而是这种愉悦的、全无压力的大呼隆跟着混。

"刚才，我们的朗读其实就是朗诵，"教师把"朗诵"大大地写在黑板上，"一般情况下，朗诵的要求是声音响亮、感情充沛。我们做到了。为了做到声音响亮、感情充沛，你们的嗓子——累啦；老师的耳朵——嗡嗡啦！"

"嘿嘿……"

笑声中，教师接着说："可是我们还要读，可是老师还想听见你们对老师，尤其对薛老师的赞美和祝福！怎么办呢？这一回，我们温柔一点，优雅一点，试着压低声音，就当是说悄悄话，就当课文是你的肺腑之言，尽量充满感情，尽量温暖人心地——向老师，向我——倾诉。争取把我感动得热泪盈眶！"

"嘿嘿……"

笑声中，教师更大地写下了"倾诉"二字。

"倾诉，你们懂吗？你们会吗？"

"会！"声震屋瓦，仿佛受了极大的刺激。

"老师，您好！"教师特地用了倾诉的语调，温暖而热诚地起了头。

又一次齐读。又一番来来回回地分角色、换角色朗读。这是早自习。

第一节语文课。"你最喜欢这首诗里的哪些诗句？联系生活实际，谈谈你是怎样理解的。"

发言的多是后排的同学。因为是在后排，声音格外响亮，而且对于自己喜欢的诗句，多能不假思索地背诵出来。

从一年级到三年级，从来没有检查过课文背诵。我希望，我相信：需要背诵的内容，经过朗读，学生多能有八成成诵。回家只要稍稍用心，有的竟不需温习。

朗读，身心共振、有兴味没思虑的朗读，使得背诵于不知不觉中成就大半，也使得许多讲解成为不必。

抄写字词，完成作业的自由阅读。教师巡视、检查作业。

第三节还是语文。一曲班德瑞的电声音乐，一曲始于风歌鸟鸣终于风歌鸟鸣的《春野》，让师生的精神又重新灵醒饱满。

鼓舞再战，学习第二课《但愿人长久》。

学生读好了，教师忍不住抒情："现在明明是秋天，可是，听着你们的琅琅书声，感受着你们的勃勃生机，老师感觉自己所站的地方不是讲台，不是教室，而是美丽清新的——春天的原野。"

9月6日 / 星期四 ☀ 晴

过滤

无论是从儿童立场,还是从文学角度,《老师,您好!》都是一个劣质文本。

> 在昨天和今天之间铺设大道,
> 在现实和理想之间架起金桥。
> 啊,教师的事业多么崇高!
> 古今中外,
> 哪个人的成长不浸透着教师的心血!
> 地北天南,
> 哪一项创造不蕴含着教师的辛劳!
> 每当看到时代在飞速地前进,
> 我心中就涌起感情的波涛:
> 老师,您好!

"在昨天和今天之间""在现实和理想之间";"铺设大道""架起金桥";"崇高""波涛";"古今中外""地

北天南";"浸透着教师的心血""蕴含着教师的辛劳"……整齐冗长的句式,激昂亢奋的语调,光芒闪耀的词语,起伏澎湃的情绪。这是诗歌,也是押韵的口号。

在昨天和今天之间,在现实和理想之间,在大道和金桥之间,在古今中外和地北天南之间。试想,面对如此壮阔的时代背景,面对如此高峻的语词大厦,具体儿童对于具体教师的青葱真实的感受还有立足之地吗?

> 用真理和智慧把人才塑造,
> 让春晖和朝霞在心灵闪耀。
> 啊,教师的事业多么美好!
> 笔尖飞舞,
> 那是春蚕悄悄地编织理想的丝线;
> 笑语盈盈,
> 那是甘露轻轻地洒向茁壮的新苗。
> 每当看到鲜花在幸福地开放,
> 我就情不自禁地衷心祝愿:
> 老师,您好!

塑造人才,闪耀心灵,笔尖飞舞,笑语盈盈,编织理想,浇灌新苗……顺理成章的,教师从背景走到前台,于金光闪耀的舞台上,摆出辛勤耕耘的姿势——姿态标准,有如雕像和宣传画里的形象。"每当看到鲜花在幸福地开放",稍有一点文学修养就能看出：这里的"鲜花"既不是真实花朵，也不是真实儿童，而是一个被盗用的符号，一个金色的小喇叭——它在字正腔圆地播放着千篇一律、众口一词的宣传稿、赞美诗呢。

因为面对的是教师，到第二段，学生形象比前面实在了一些。然而这里的儿童，依然是抽象了的儿童，是既无童心也无文心的教材编写者臆想或规定了的"我们"。不是真实的儿童，更不是具体的"我"。

一年级下学期，学生送给我一幅画：一个可爱的长着兔子耳朵的小丑，歪着脑袋，幸福地笑着，在吹泡泡，和气泡一同冒出的是一串字："老师，猜猜我有多爱你。"反面写着："薛老师，希望你天天健康，天天快乐，天天给我们读故事。"

课文照理是孩子学习写作的范文，即便不是最好，也应当是较好。可是如果哪一个教师节，我的学生写出教材水准的诗歌给我——作为语文教师，我会觉得自己好失败。因为小小的孩子，已经成了空心人；因为鲜艳的花朵，已经成了花形喇叭。

曾经发愿要做"中国小学语文教材批判"，也真的因此写过一组批判文章，并在教师中间激起不小反响。后来我终于不做了，因为我知道，比起批判，教师更应当、更急需做的，是引来儿童阅读和文学经典的浩瀚清流，将教材里的污染物给消解、超越、淹没。

幸好课本不是儿童学习母语的唯一材料，幸好教材的作用要通过教师才能发挥。当胎儿在腹中，外部环境是经了母亲身体的过滤从而影响孩子的。所以，无论外界多么凶险、嘈杂，胎儿的生长环境都是静谧、安全、柔和、舒适的。

在小学阶段，当孩子具有一定的阅读能力，就必然接受包括教材在内的各种文字的影响。环境不可能也不应当是绝对安全、高雅和纯净的。这时候，就需要教师用他的文学修养、教育良知和教学智慧，将环境过滤了。

特地贴出几段学生日记，为的是显示过滤的效果——浩荡清流的效果。

> 开学典礼结束后，一班接一班回教室，我们班正准备回教室，"哇，胡婧怡！"一个声音响起来，"你的头发和睫毛怎么都是银色的，亮闪闪的？"我一看，原来是江业雯，我看了看她，也笑着说："哈哈，你的头发和睫毛也是银色的，亮闪闪的，好漂亮哦。"我看看她，她看看我，都乐了起来。突然，我发现，每一个人都朦胧漂亮起来，在今天的雨中。
>
> （胡婧怡《雨中的开学典礼》）

开始发书了，发到书的同学几乎都要"哇！"一声。

与此同时，我闭上眼睛，感觉幸福越来越近，"啪"的一声，一本书放在了我的课桌上。"哇！"真的不出我所料，果然是《蔷薇朵朵》。这时教室里乱成一团，同学们有的大呼小叫，有的哈哈大笑，还有的在拍桌子，整个教室都沸腾了，老师叫了几次"暂停"都没用。

（马静婷《"蔷薇朵朵"今天开》）

回家后，我坐在沙发上静静地看着新书，语文、数学、英语……我一本接一本翻着，因为每本书上都沾着开学的味道。

暑假，有很多快乐。而开学、上课则有更大的快乐。暑假是一个人玩的快乐，而上学却是和同学一起玩、学习的快乐。两种快乐，你会选择哪一种？哪一种更珍贵？我！我会选上学的快乐，因为这才是快乐中的珍贵！

（韩玉琤《开学啦》）

9月9日 / 星期日 晴

感性是血肉，理性是骨架

还是说《秋天》吧。作者，王宜振。

这样的诗歌要求背诵也应当背诵。要想让孩子轻松地背下，就有必要做结构的、写作方法的分析。

全篇共七个段落。每段都由分号中分为匀整而灵动的两个部分。如此，分角色朗读就可以进行得活泼生动、有声有色。

第一段，板书"太阳""空气"，提示孩子抓住"太阳""空气"以及属于它们的"更红更娇""更甜更好"——两遍之后，轻松背下：

走在秋天，
秋天的太阳更红更娇；
走在秋天，
秋天的空气更甜更好。

第二段，学生一读就嚷起来："这是拟人手法写秋风。""秋天是个顽皮的孩子。""秋风和我们一样，没一点儿老实气！"

"打滚""奔跑""抓""涂"——教师写在黑板上的关键词语，学生在书上点出。再读一遍，然后看着词语，轻松背下：

秋风在田野里打滚，

秋风在小路上奔跑；

秋风抓一把桂子的香气，

把夏天的脚印儿轻轻涂掉……

"在一、二两段，出现最多的字眼儿是哪一个？"

"秋！"

"快速扫描三、四、五段，看看有什么发现。"

"三段没有一个'秋'字，可是三段句句都在写秋。"

"为什么？"

"稻穗儿熟，蝉声儿消，向日葵低头弯腰，野菊花香了，牛儿羊儿肥了，苹果红了，葡萄紫了，玉米缨子红了，成熟的高粱红了可以酿酒了——这些都是秋天才有的事情，秋天才有的景物。"

板书"秋天具有代表性的景物"，然后逐段朗读、背诵。

同时加深体会拟人——在这里其实是"拟孩儿"手法的传神之妙。

稻穗儿熟,蝉声儿消,
成熟的向日葵在低头弯腰;
野菊花香了田间羊肠小路,
牛儿羊儿都长了肥膘。

苹果嚷着冷了,
要穿红袄;
葡萄嚷着冷了,
要披紫袍。

玉米举着红缨乐了,
忘掉一个夏天的烦恼;
高粱红着脸儿笑了,
一曲酒歌在心灵酿造。

"快看第六段,看看谁又回来了呀?"

"秋风,秋光!——'秋'字儿又回来啦!"孩子们这样欢呼着,情不自禁地齐声朗读;读完之后,不约而同地将书翻扣在桌面,自豪地背诵:

秋风如同柔韧的梳子,

> 把田野梳得井井有条；
> 秋光如同发亮的汗珠，
> 蓬蓬勃勃在田野闪耀。

"这是两个什么句子？"

"比喻句！把秋风比喻成柔韧的梳子，用柔韧的梳子来比喻秋风；把秋光比喻成发亮的汗珠，用发亮的汗珠来比喻秋光！"孩子的回答，整齐响亮有如条件反射。这意味着，对于绝大多数，可以不再问了。现在的问，正是为了借"条件反射"之强力，唤醒尚在迷闷中的极个别。

> 走在秋天，
> 头顶有明丽的阳光照耀；
> 捡一片黄叶悄悄地珍藏，
> 秋天永远会向我们微笑。

这一回是教师朗读。"太阳、天空、秋风、稻穗儿、向日葵、野菊花、牛羊、苹果、葡萄……一至六自然段，我们读到的都是自然景观。现在，我们读到谁了？现在，有谁悄悄登场了？"

"作者！""不，是小朋友！"

"你怎么知道的？"

"'走在秋天，头顶有明丽的阳光照耀'——这是阳光照在他的头上；'捡一片黄叶悄悄地珍藏，秋天永远会向我们微笑'——这是他在捡黄叶呢。"

"稻穗儿熟，蝉声儿消——夏天过去了；苹果红，树叶黄——秋天会不会过去啊？"

"也会过去。"

"为什么要捡一片黄叶悄悄珍藏？"

"他想留住秋天。""他太喜欢秋天了。"

"喜爱，留恋。"教师板书，学生记录。

"请读第一段。"

> 走在秋天，
>
> 秋天的太阳更红更娇；
>
> 走在秋天，
>
> 秋天的空气更甜更好。

"请读最后一段。"

> 走在秋天，
>
> 头顶有明丽的阳光照耀；
>
> 捡一片黄叶悄悄地珍藏，
>
> 秋天永远会向我们微笑。

"哈哈，发现什么啦？"

"走在秋天！""首尾呼应！"

"想一想，作者，或者说那个可爱的孩子——他真的是到最后才出现吗？"

"不，一开始他就在那里了！是他走在秋天里，是他在欣赏，是他在写诗。"

"所以啊，全文一直都是在写秋天，句句一直也是在写什么？"

"作者眼里的秋天，作者对秋天的喜爱。""孩子眼里的秋天，孩子对秋天的喜爱。"

不蔓不枝、干净利落，少有诗歌之外的联想、议论和抒情。因为这是明丽劲爽的秋天；因为面对优质文本，培养儿童表达和感悟能力的最好方式，就是老老实实地诵读、咀嚼优质文本。这是对美好事物的虔敬，这也是对儿童生命的珍惜。

感性是血肉，理性是骨架。不能想象滋润健壮的肌肉，可以长在枯瘦病弱的骨骼上。诗意和思维，感悟和分析，从来都不是分割对立的。在教学中，它们应当水乳交融、阴阳合抱——共同成为滋养和促进儿童精神成长的丰润圆满的"一"。

我们说母语具有母性，根据就在于此。

没有适当的结构分析，背诵就会成为零乱散漫的硬记；提升审美水平的努力，也成了对于高处的没有阶梯的徒劳的腾跃。

还有专家教育我们：关于修辞，不要说术语。在教材和测验中，比喻就被叫作"打比方"。这真是舍直就曲，何其不惮烦也。其实，在教学中明明白白地告知比喻、排比、拟人——将来明明白白地告知明喻、暗喻、隐喻，对于学生而言，是比含含糊糊、遮遮掩掩更为明了便捷、更为舒服轻快的快事。儿童天生渴望知道真相；对于合规律、合目的的事情，儿童天生具有不经思虑直接把握的才能。专家提出的有话不好好说、绕圈兜圈整迷糊的建议——我们千万不要听信，千万不要让盲人做了我们的向导。

然而，如今的考试不考分段，少考或者不考语法修辞知识，却是十分十分正确的。因为考试对于教师来说，是不能违抗的指挥棒。当名利乃至生存所系的大棒指向分析和知识的时候，我们的语文课堂，就要变成骷髅地和标本间了。

然而教师也需明白，如果你当真为考而教，考什么就教什么的时候——考试也难考得很好。

9月11日 / 星期二 ☀ 晴

我们的节日,我们的艾玛

上午,学生当堂完成主题作文"我想设立的节日"。不打草稿,提笔就写。写好的举手示意,教师初阅确定"合格"了,将本子合起来放在桌边——自由阅读。如果初阅判定为"不合格",当场返工。这是我们班的规矩。

如此,到第二节铃声响起的时候,按座位顺序,64本绿色作文本都收齐了。速度相对整齐,质量令人满意。尤其值得表扬的是李玉雯、王涛和盛建福荣。

王涛的《溜冰节》300来字,叙述清楚、层次分明,连双引号都用得正确无误。这让教师对周子善也有了信心——须知,王涛和周子善可是本班学习最吃力的两个孩子。李玉雯洋洋洒洒,从艾玛的恶作剧到四(2)班的化装节,一篇习作足足有500字。

当宠物节到来的清晨,盛建福荣大呼小叫着,把父母从梦中唤醒。然后一家人直奔城隍庙,买来了"一只公狗、一只母狗、两只母的小松鼠和一只白色的小老鼠"——虽然没有"歌舞节""电玩节""绘本节""无作业周"的热闹喜庆，可是，哪一个小朋友不会为这样的节日而欢呼雀跃呢？

此外还有：《小鬼当家日》写自己既辛劳又自豪，从而倍加感激父母的特殊体验；《安静日》写因苦于噪声折磨，因而渴望祥和宁静的生活环境；《戒酒日》写酗酒的父亲终于老实了一日，母子终于获得了一日的安宁……

64篇作文中写得最多的是《化装节》。那些不是写化装节的，其实也是在写"化装节"。相信若干年后，只要翻开这次的习作，他们都会想起《艾玛过化装节》，想起那头常被误认为女生的花格子大象，想起昨天的朗读课。

读《艾玛》

今天上午第三节课的时候，我对薛老师说："您能不能在星期一的读书课上把我的艾玛读给大家听？"薛老师说："好的。"我开心极了，就把我的《艾玛过化装节》给了老师。然后，我就又看起了我的另一本《艾玛打雪仗》。这本书主要讲的是：有一天，艾玛带一群大象在雪地上玩耍的情景。哈！还没有告诉你，艾玛是一头可爱的大象……

你们知道我这两本书是从什么地方来的吗？是从新

华书店买来的,这可是我一眼看中的,当我把这两本书买好后,我开心极了。

我真希望快一点到星期一,这样的话老师就能把我的书读给同学们听了。让同学们一起来分享。

这是金佳岷贴在"云门弟子"下面的日记。其时,新学年的"第一次"究竟读什么,正在斟酌中。"一定要是既有趣味,又有意味,最好能够引发一场发人深省的讨论的书……"结果呢,因为学生建议,事情就这么决定了。

我是这样想的:我们的班级,需要犟龟和小圆满、温顺的狮子和彩虹色的花,也需要克里克塔和花格子大象——需要适应并滋养儿童天性的简单纯粹的快乐。意义固然重要,然而一旦"意义"成为全部目的、成为第一重要,意义就成为黑洞,成为化鲜活为枯槁、化丰富为单调的置换器、榨取机。对于儿童——对于绝大多数人而言,也许快乐比意义更重要。很多时候,快乐既是意义的本身,也是意义的来处。让那些深邃的圣人去追求痛苦酿造的意义吧。对我来说,人生在世,就是为了度过快乐的一生;对我来说,唯有以快乐为来处和归宿的意义,才是值得追求的意义。

学生积极购买讲过两次的"花格子大象艾玛"系列,主动要求讲艾玛——对于教师,这既是鼓励也是真实的意义。

掌声响起的时候，教师突然想到即将要写的作文。

"我们想不想也过这样一个化装节啊？"

"想！"

"那我们会怎么过呢？"

"我化装成老虎！""我化装成木乃伊！""我什么也不化装，我就装成薛老师！"

"除了化装节，你们还想有哪些节日？"

于是有了热烈的讨论，于是有了今天快速而优质的作文。

儿童文学，尤其是绘本，一定要和孩子一起读。为什么？离开儿童的儿童阅读，就像陈列在大英博物馆的敦煌佛像。我们尽可以从中掘出够多够深的意义——然而，离开了原生态，再多再深的意义也是贫瘠枯槁和不够完满的。要想悟到圆觉之海的浩大、生动，要富于孕育性，就须敦煌窟里观佛像，雪山脚下听法螺——就须和孩子一起读绘本。

是儿童启发了你，是你启发了你自己；是绘本滋润了你，是你滋润了你自己。那时候的你，满满地拥有着智慧和力量、光明和温存——那时候的你，是有幸"还至本处"的你。

讨论与发掘，那是锦上添花的事情。当心境连同日子，已然是一方厚实绵密、温馨柔和的素锦——有花无花，区别只在外部。

9月12日 / 星期三 ☀ 晴

四年级就是四年级

早自习与第一节连堂测验。之后的整整三堂课，教师分秒必争、埋头苦干，终于在下班之前将试卷阅出。

《基础训练》昨天才到，一课没做；一直用来测验的区制考卷至今没到——因为"一费制"的原因，以后就没有了。除了俗称"A卷"的"标准大考卷·基础卷"，第一单元书面作业只抄字词，所以第一单元进度挺快。

90—97分，21人；

80—89分，28人；

70—79分，10人；

60—69分，5人。

全部及格。面对这样的成绩，教师相当满意。毕竟"综合练习"做得太少，而且测试用的是俗称"B卷"的"标准大考卷·发展卷"。一至三年级，"B卷"都是用于考前强化训练的。

王涛（87）、魏鹏（89）、肖君军（82），这三个男孩让教师尤其感到欣慰。魏鹏是新来的借读生,其余三位借读生都是六七十分;联想到王涛昨天的作文,今天的成绩实非偶然;至于肖君军,刚刚开学就不慎受伤,整整一周没来上课——这个82分,是他用打着石膏的右臂哆哆嗦嗦挣来的,实在难能可贵。

若在从前,会对缺乏练习的单元测验忐忑不安。可是这次,教师的心绪却异常平静和坚决:考得再差,我也坚决放手。不再步步为营、严防死守——每到测验,连孩子带父母一起结结实实地抓。

"母亲照顾孩子的动力,与其说是来自爱,不如说是源于本能——阶段性的,逐渐转移方向的本能。妞妞一岁半前,夜里睡觉老是吭吭叽叽。那时候,只要她一吭叽,不管多么昏沉、多么疲倦,我立刻翻身坐起,把妞妞抱在怀里,温柔地哼着歌,轻轻摇她入眠。碰到孩子头疼脑热,一夜起来十几次,几乎通宵不眠。就是那样,我也不觉得辛苦。白天上班,精神依然饱满。如今想来,当初怎么会有那么大的劲头?简直不可思议!简直不堪回首!简直有为自己高歌一曲的冲动!啊,母亲真是太伟大了!

"可现在呢,母亲还是这个母亲,却越来越不伟大了。夜里妞妞一吭叽,我就凶她:'快睡觉!'要不,干脆照屁股就打。有意思的是,妞妞听了训斥、挨了拍打,回答'知道了',头一歪,就睡着了。是我的心变硬了吗?不,这是上天安排好的。两岁以前,当自然要求母子一体的时候,母亲自然就有用之不竭的耐心和精力。当孩子渐渐长大,能够行走说话,蹒跚着走向独立的时候,母亲的耐心就随之减少——恰恰足够用来呵斥、拍打。而孩子呢,也恰恰因为这种疏远和不耐烦,渐渐拥有了自我控制和独立的能力。"

小安如是说。妞妞如今两岁半。

带班也是这样啊。

9月17日 / 星期一 晴

生活原本如此，世界原本如此

　　为了醒脑，也为了收心，先读《徐悲鸿励志学画》，然后才是郭乐、马静婷、李卓然依次朗读。

　　因为准备充分，也因为实力够强，三个小姑娘将自己的读后感展示得颇为引人入胜。明明是坐在中间的朱丽丽，居然在不知不觉中将身体侧了过来，这是全神贯注的欣赏和倾听，也是专心致志的汲取和学习所致。当朗读者就自己喜爱的"一本书"侃侃而谈——读过"这本书"的孩子，脸上漾起会意而亲切的微笑；没有读过的呢，目光里闪烁着向往与羡慕。呵呵，即便教师什么也不说，这也是关于写作和表达的生动培训，这也是以火点燃火的——对于阅读的强力推进。

　　教师怎能一言不发呢？现场点评，其实是泽及在场每一个的具体鲜活的指导啊。收益最大的，自然是台上的"那一个"。一篇读完，教师热切而详尽地指出亮点，同时建议："读后感最好有一个副标题，副标题应当让人一看就知道你写的是什么。比如'读《瞧这帮坏小子》'，比如'《窗边的小豆豆》读后感'。正题呢，应当既新颖，又不脱离文章内容。比如'我也是一枚小小的蛋'，比如'好可爱的小豆豆'。"

除了表扬，教师的建议仅此而已。实在无话可说啊，对于刚刚升入四年级的孩子而言，能够写成这样，已是大大的难得。不信你看这两篇——是真正的一字不易。

读 后 感

暑假期间，我读了一本书，书的名字叫《瞧，这帮坏小子》。这本书大约两厘米厚，因为好看，我用半天不到的时间就看完了。这本书的作者是杨红樱。

书里写了调皮的男孩马小跳、废话大王毛超、爱吃零食的大胖子唐飞、嘴巴大得像个大河马的张达、班里最漂亮的女生夏林果、笨笨的安琪儿、天天就知道玩的杜真子和班里最聪明的女生路曼曼等这些人之间发生的有趣的故事。

我最喜欢的一篇文章是《一个蛋两个蛋三个蛋》。这篇文章说鸡妈妈孵蛋很辛苦，秦老师要同学们亲自体验一下鸡妈妈孵蛋的艰辛，从中慢慢体会爸爸妈妈养育自己的辛苦与劳累。游戏规则是这样的：让每位同学随身带一个鸡蛋坚持几天时间，鸡蛋不能离开身体，不能将鸡蛋弄破。同学们都觉得很新奇，怀着一种好奇的心情,大家都兴奋不已,做好了准备,为这种难得的游戏闹出了一串串的笑话和欢乐。有的同学耐心地呵护着,倍加小心地守护着鸡蛋。但是粗心好动的马小跳却接二连三地出现差错,不是把鸡蛋弄破了,就是把鸡蛋给丢掉了……其中反映出同学们的爱心,展现出同学们的活泼、可爱的童心,体会到爸爸妈妈的艰辛。

在我的学习中,离不开妈妈的辅导,每周妈妈都伴我背儿歌、念英语单词、讲解难题,从不厌烦。爸爸帮我订正作业,不理解题意的反复引导……我深深地感受到了爸爸妈妈对我的关爱。

爸爸妈妈,我爱你们!

(郭乐 9月15日)

《窗边的小豆豆》读后感

《窗边的小豆豆》这本书是日本著名的作家黑柳彻子写的,书中的小豆豆可爱而活泼,不过她因为淘气,一年级就被退学了。过了一阵子,小豆豆被巴学园收留了,巴学园的老师只有几个,教室是一个个的电车车厢,同学们就在那里面上课。巴学园的课很奇怪,上的课可以自己选,但小豆豆还是很爱学习,从不选体育课。

巴学园里一共有42个学生,午饭叫作"山的味道,海的味道",这就代表着午饭里一定要有山上和海里出产的东西。小豆豆有很多好朋友,其中只有一个男生,叫作泰明。泰明走路时很奇怪,小豆豆问泰明:"你走路时为什么看起来这么别扭?"泰明不好意思地回答道:"我患有小儿麻痹症!"

小豆豆有一棵树,那是她自己的树。老师说过,要上别人的树,得先征求别人的意见。有一次,小豆豆偷偷地叫泰明上她的树上玩,但泰明有小儿麻痹症,想上树比登天还难,但小豆豆还是尽心尽力地把泰明拉上了树,想让泰明来一个"放眼看世界"。泰明长这么大了,还是头一回上树,小豆豆很关心泰明,泰明也很感激小豆豆。

这本书读完后,我知道了很多:同学之间要互相帮助,看见别人有困难应该去帮助那些人,千万不能嘲笑他们。如果我们学习的课也可以选的话,我认为应该先学习语文、数学等,然后才能玩。

《窗边的小豆豆》这本书我非常喜欢。

(马静婷 9月16日)

"四年级了,朗读不能还是老师一言堂了。从这学期开始,朗读由我们师生轮流登台。这个星期一是我给你们读,下个星期一呢,由热爱读书并且热爱写作、勇于表达的同学上来与大家分享自己的读书心得。你们已经四年级了,老师实在不该也无权确定谁上谁不上。在我们这样一个64人的大班里,每一次登台都是一个值得追逐的锦标。不管你写得怎样、读得怎样,仅仅能够上台,就是很光荣很需要勇气的事情。何况你还能得到老师的当面教导?何况同学还能因你而得到一次关于写作与讲演的培训?实实在在,这是一件利人利己的大好事啊。记住,这可是展示和锻炼自己的绝好机会;记住,机会从来都是自己争来的;记住,从现在开始,我们要学会争取机会。想在下周登台的,现在就报名。"

9月10日早晨,读完《艾玛过化装节》之后,教师郑重其事地宣布如上,热情澎湃地鼓动如上。当时就有若干孩子举手,考虑到早自习的时间有限,当场确定了左边两组的三个同学——至于另外两组的同学,就要等到下下次了。

也许是因为等不及吧,9月13日,第四组逐一向教师汇报日记时,晏楚芸就朗读了读后感。之后的读书课上,全班同学都听见她读:

再读《爱心树》

妈妈在网上订了几本书,可是《图画书:阅读与经典》缺货。丁若琳借了我一本先看着,每篇里面都会选出一小节,再加上作品解读,还有几张图片。当翻到《爱心树》

时我又忍不住看了起来……

第一次看《爱心树》，觉得小男孩太幸福了，有一棵树做朋友，想要什么就有什么，太好了！我要是有就好了。可第二次读，就觉得这是溺爱。小男孩只会索取，而树只会付出。我感觉这个爱是不平等的，小男孩在幸福快乐的时候不会去找树，和树一起分享。只会在有困难的时候去找树，向它要。他只会要，不会付出；树，只会付出，并不会索取。这个爱，不平等呀！

爱心树一直满足小男孩，小男孩呢，也认为是他该得的。到了最后，爱心树只有树墩了，但是，它还是满足了小男孩——不对，是老爷爷了。小男孩小时候想买东西，就问爱心树要，爱心树给了他苹果，让他卖了钱去买东西。他想出去了，就问爱心树要一栋房子，他要娶妻生子啊！爱心树也满足了。他又要了一条船，爱心树也满足了。现在他要一个地方坐，爱心树说："我帮不了你了。""我只要一个地方休息一下。"爱心树听了很高兴，因为，它认为自己还有用处，于是让他坐在自己身上……

我希望在生活中不要有跟爱心树一样的爸爸和妈妈，也希望不要有跟小男孩一样的孩子。

(9月12日)

从今天的情况来看，一节自习其实可以容纳四个孩子登台。每个星期四，都可能有晏楚芸这样的额外汇报。如此算来，一学期10次，学生至少能够听到40篇读后感——40次现场点评与指导。一次接一次，一拨带一拨，同学之间互相影响、彼此点燃；渐行渐远，渐升渐高，将懵懂单纯的喜悦提升到真挚明晰的表达——四年级了，正是其时。

当然不可能所有人都登台！教师从不把"所有人"都如何作为目标。永远，我只拿做与不做相比较，而绝对不拿已经拥有、正在拥有的收获与永远不能达到的"终极完美"做比较。那种不切实际的比较，既会要了教师的命，也会要了学生的命，更会窒息了整个班级的生机。

人与人根性不同、能力不同、需要不同。有人乐于展示、需要展示，有人乐于倾听、需要倾听。真正充满意义的课堂，是动静语默都能得到滋养的润泽的课堂。期待所有人都站到前台，期待所有人都达到同一高度的课堂，必是躁动的、干爆爆的，必是不利于儿童成长的。

教师当然要尽力给予每个孩子表现的机会。然而，该争的时候，就要让他们争起来。机遇与努力并重——生活原本如此，世界原本如此。

这才合乎自然。

这才是参差有致、生机蓬勃的教育。

9月20日 / 星期四 晴

在我看不见想不到的时候

一、我爱北京天安门

结构分析依然是帮助孩子把握要领、记忆内容的钥匙。就说《天安门广场》吧。

  1. 天安门广场位于首都北京的中心，它是世界上最宽广、最壮观的城市广场。（一）

  2. <u>广场北端是天安门。</u>天安门红墙黄瓦，雕梁画栋，显得雄伟壮丽。天安门前是金水河，河上横跨着五座汉白玉石桥，这就是金水桥。金水桥两旁有一对汉白玉华表，上面雕刻着蟠龙花纹，在蓝天白云的映衬下，显得格外挺拔。

  3. 登上天安门城楼向南眺望，整个广场尽收眼底，<u>广场中央矗立着高大的人民英雄纪念碑</u>，碑身正面是毛泽东主席题写的"人民英雄永垂不朽"八个金光闪闪的

大字。广场南端是毛主席纪念堂。东西两侧，中国国家博物馆与巍峨壮丽的人民大会堂遥遥相对。（二）

4. 天安门是新中国的象征。1949年10月1日，北京30万人在天安门广场举行了开国大典。人民领袖毛泽东在天安门城楼上向全世界庄严宣告：中华人民共和国中央人民政府成立了！从此，天安门广场成了全国各族人民无比向往的地方。（三）

5. 清晨，东方露出了淡淡的曙光，天安门城楼在晨曦中显现出它的雄姿。庄严的升旗仪式就在这时开始，五星红旗与旭日一同升起。

6. 每当节日到来，天安门广场更是花团锦簇，姹紫嫣红。无数盆鲜花组成一个个大花坛，把广场装点得犹如五彩缤纷的大花园。入夜，华灯齐放，礼花飞舞，天安门广场一片辉煌。来自祖国各地的人们翩翩起舞，纵情歌唱。鲜花与彩灯辉映，礼花伴歌声齐飞，天安门广场沸腾起来了。（四）

全文六个自然段落，可以分为四个意义段。

第一个意义段，点明天安门广场的位置和特点。

第二个意义段，按照方位顺序写广场上的重要建筑。其中天安门、人民英雄纪念碑、毛主席纪念堂、人民大会堂、中国国家博物馆这五大建筑的方位关系是课后习题要求掌握的,也是一个重要的知识点。为此,教师在两堂课里,分别用两三分钟时间(第一次是教师边说边画,第二次是学生说教师画)扣住画线所示关键句,两次板书五大建筑的方位关系图。以期学生能在大脑中对两段文字形成图像式的记忆;以期学生在之后的习作中,能够将景点或者建筑物的方位关系表达得清晰明白。

第三个意义段,中心句为"天安门是新中国的象征",之后即是对"天安门何以是新中国的象征"的回答。联系到学生的向往,再牵动起教师童年怀抱过的对于天安门的无比神往——读起来,这一段就不再枯燥生涩。

第四个意义段,一写清晨的景观,一写节日的场面;一侧重于物,一侧重于人。只要抓住"清晨"和"节日"两个关键词,理解和记忆都变得容易。如此,背诵四、五、六三个自然段的任务也变得比较轻松。

二、从徐悲鸿到"农村小孩"

二十年前,由工厂图书馆借得廖静文的《我和徐悲鸿》。一口气读了两遍。"静文啊,如果我年轻 20 岁,或者你年长 20 岁,那该多么好啊!"1942 年,在阳朔,时年 47 岁的徐悲鸿对 19 岁的廖静文如此说道。一番话，让我几度低回、几度感叹。

在课文《徐悲鸿励志学画》里，画家被图解为一个爱国的文化英雄。对于初学写作的小学生而言，课文有值得汲取的营养。

第一，层次分明，段意清楚。全文八个自然段，抓住了"激怒""奋发""轰动"三个"段眼"，三个意义段的段落大意就昭然若揭："激怒"，嫉妒激怒了徐悲鸿，徐悲鸿立志为国争光；"奋发"，"从此，徐悲鸿更加奋发努力"；"轰动"，"功夫不负有心人"，徐悲鸿用事实击败了别人的无知和偏见。

第二，首尾呼应，中心明确。起承转合，脉络清晰。第一个意义段，外国学生的挖苦"你们中国人就是到天堂去深造，也成不了才"和徐悲鸿的心声"必须用事实让他们重新认识一下真正的中国人"形成强烈冲突，文章于是有了悬念和张力。第二意义段，关于"更加奋发努力"的具体叙述，使得"激怒"不是一团旋起旋灭的虚火，使得结尾的"我承认中国人是很有才能的"显得令人信服。这是矛盾的解决，也是徐悲鸿用行动和实力为个人、为国家赢得了尊严。

"徐悲鸿被激怒了，但是他知道，靠争论是无法改变别人的无知和偏见的，必须用事实让他们重新认识一下真正的中国人！"对于今天生活中充满竞争的孩子来说，对于我们这样一个空间过度拥挤，随处会有摩擦发生的班级来说，这段话实在值得好好揣摩。今天的读书课上，李自成（就是那个"大李志城"，因为名字和"小李志诚"重音，所以改了个闯王的名字）用他很不标准的普通话读道：

再次流泪

今天上午，我们开始学习第6课。第6课的题目是《徐悲鸿励志学画》。

正在这时候，老师说："你们在底下读几遍。"几遍读完了，老师说："让我看看你们读得怎么样。徐悲鸿励志学画，开始！""1919年春天，年轻的画师徐悲鸿考取了巴黎高等美术学校……"我们就这样读着。

"徐先生，我知道达仰很看重你，但你别以为进了达仰的门就能当画家。你们中国人就是到天堂去深造，也成不了才！"当我读到这里时，我就很生气，这个外国学生，就像坐在我前面的高岩松一样。当我来这里上学的时候，大约是在第一二个星期吧，他就骂我，和聂大伟说:"谁跟你们玩?农村人!"我就对高岩松说:"农村人怎么样?农村小孩是很幸福的,农村到处都是蝴蝶,你有吗?"

接着我又读。当我读到这里,"他只租了一间小阁楼,经常每餐只有一杯白开水和两片面包。"我不知道为什么我会流眼泪,我一想到这一句话的时候,我就会流下眼泪来,现在也是这样。我不说这句话了,我要像徐悲鸿一样刻苦努力,让高岩松见识一下真正的农村人。

掌声中,高岩松满脸惊诧,满脸羞愧。"你想不到吧?一年前你给同学的伤害,到今天人家还牢牢记着呢!"

"老师,我错了!李自成,对不起!"高岩松真诚地说。

"事情已经过去很久了。我相信今天的你,已不是从前那个看不起农村人的高岩松了;我相信今后的你,会在学习和做人方面有更大进步。我说得对吗?"

"对的!老师!"高岩松响亮而自信地回答。

于是安排高岩松放学后清扫教室,于是下午教师让全体同学用掌声向高岩松表示感谢。到此,我们的读书课才算结束。去年,他挖苦李自成固然不对,今天让他为了远去的旧事受到伤害更是不对——虽然借此契机告诉他和所有同学,说话务要谨慎,出口切忌伤人——是很有必要的。

9月24日 / 星期一　晴

谁说弱者的愤怒是渺小无力的？

一、朗读

《是谁嗯嗯在我的头上》

认识了文作者、图作者、翻译者之后，学生看着封面齐读书名。

"有问题吗？"

"'嗯嗯'是什么？"

"你以为呢？看图，看小鼹鼠头上，这是什么呀？"

"是鸟窝吗？"

"是帽子吧？"

"虽然猜得都不对，可老师还是十分喜欢'鸟窝'这个答案。好温暖，好有诗意啊！带着疑问，带着好奇——我们往下翻，我们往下看！这是扉页，读！"

"是谁嗯嗯在我的头上"最大的字也不够大,学生只能连看带猜地念出那排圆鼓鼓的黑字。

"注意,除了头顶不明物体的小鼹鼠,还有谁在这里?"

"蜜蜂。"前排一个声音说。

"蝴蝶。"后排一个声音说。

"像蜜蜂,但不是蜜蜂。"

"苍蝇?苍蝇!嗯嗯……'嗯嗯'是大便吗?"一个声音犹豫道。

"这本书献给会自己到厕所'嗯嗯'的小朋友。"教师表情庄重地读出书名以下的文字。

"哈哈……"

开心的浪花粲然绽放!并在之后的朗读中一波波涌起,一波盛过一波,一波艳过一波。

"是不是你嗯嗯在我的头上?……不是我!我的嗯嗯是这样的。""是不是你嗯嗯在我的头上?……不是我!我的嗯嗯是这样的。"结构相同的两个回合过后,只要翻页,孩子们就学着小鼹鼠的架势,或叉腰或抱臂或怒指地齐声吼道:"是不是你嗯嗯在我的头上?!"然后再学着野兔、山羊、奶牛还有猪先生的声音,一次又一次惊恐地回答:"不是我!我的嗯嗯是这样的。"

"小鼹鼠终于知道是谁嗯嗯在他的头上了!"教师和孩子都兴奋起来,"小鼹鼠终于可以甩掉那坨臭烘烘的证据了! 真是太郁闷了,真是太气人了! 看,大狗在睡觉呢! 怎么办?"

"嗯嗯到他的头上! 让他也尝尝头上被人嗯嗯的味道!"很多声音义愤填膺地喊。

"大狗正在打瞌睡,小鼹鼠爬到他的屋顶上。'扑哧'一声,一粒小小的、黑黑的嗯嗯掉下来了,正好掉在大狗的头上。"

"哈哈……"师生一起纵情大笑。这是真正的扬眉吐气,这是真正的童心清澈。谁说弱者的愤怒是渺小无力的? 而且是高度近视的弱者!

"然后,小鼹鼠就钻回地下去了!"

掌声,热烈的掌声。掌声中,孩子们已经完全分不清自己和小鼹鼠了。

二、讨论

"为什么笑了又笑? 为什么这么开心?"

"小鼹鼠好可爱。他决心找到嗯嗯在他头上的坏家伙,他就顶着狗大便,很气愤、很有耐心地追查。先后问了鸽子、马先生、野兔、山羊、奶牛还有猪先生,不是他们干的。最后还是苍蝇帮他找到了在他头上嗯嗯的大狗。"

"小鼹鼠可爱，那些动物也可爱。小鼹鼠问'是不是你嗯嗯在我的头上？'他们都赶紧嗯嗯给小鼹鼠看，证明不是自己干的。"

"小鼹鼠在大便专家苍蝇的帮助下找到了大狗，他以牙还牙，嗯嗯在大狗的头上，这让我觉得痛快！"

"读这本绘本你有哪些收获？"

"我知道了很多动物嗯嗯的样子。"

"动物都是随时随地想嗯嗯就嗯嗯的，我们可不能这样。"

"不小心做了错事，不小心嗯嗯到了人家头上，应该赔礼道歉，还要帮人家洗干净。'搞什么嘛！是谁嗯嗯在我的头上？'——不能明明听见人家喊了，还一溜烟跑了。"

"如果人家怀疑一件坏事是你做的，光靠嘴上争辩是没有用的，你要用事实来证明自己的清白。就像鸽子、马先生、野兔、山羊、奶牛还有猪先生那样，当场嗯嗯给小鼹鼠看。"

"为什么'嗯嗯'可以用来表示大便？"

"我们大便的时候，都要'嗯嗯'地使劲，才拉得出来。"

"为什么书名不叫'是谁大便在我的头上？'"

"哈哈……"

笑声中，大家七嘴八舌地抢着答，"那样书名好难听哦！""那样这个故事就臭烘烘的啦！""那样这本书肯定没人买！"

"所以啊，老师一再劝你们，写日记的时候一定要在题目上面多动脑筋，一定要给自己的文章起一个好听的名字。文章的题目漂亮不漂亮，亮眼不亮眼，直接影响到读者想不想读；考试的时候，还会直接影响到你的分数！老师以为，把大便叫作'嗯嗯'还有一个原因，那就是这本书里所有的动物，不管是大马大牛还是小鸽子小野兔，包括肇事逃逸受到惩罚的大狗，他们都是孩子——都像孩子，对不对？"

"对！"

"如果你是大狗，你会怎么办？"

"我也很生气，我也四处追查凶手。然后呢，苍蝇告诉我：'不要费力找了，是小鼹鼠干的。现在，你也知道小鼹鼠的心情了吧？都是你自作自受！'然后呢，然后我就认识到了自己的错误，就不再找小鼹鼠算账了。"李旭冉侃侃而谈。

最后一个明知故问的问题："喜欢这个故事吗？"

"喜欢！"

然后教师用格外响亮的声音，顺势读出封底的字："本书画家沃尔夫·埃布鲁赫荣获2006国际安徒生大奖。"

掌声，热烈的掌声。属于童年的——晴朗、干净的掌声。

9月25日 / 星期二 晴

也是破茧而出

一、"谁说美国孩子轻松了?"

第二单元测验情况汇总:

95—99分,15人;

90—94分,19人;

80—89分,21人;

70—79分,4人;

60—69分,5人。

因进步突出而值得庆贺的是三个男生:魏鹏(90),马建(94),高陈(99)。

对比第一单元:

90—97分,21人;

80—89分,28人;

70—79分,10人;

60—69分,5人。

总体成绩明显提高。这说明"既定方针"是正确的。学生以及家长正在适应教师，适应四年级。

小安读《破茧而出：发现孩子的先天优势》——2002年《纽约时报》《出版家周刊》畅销书榜冠军，它在美国教育界和普通民众中拥有巨大影响。《破茧而出》的作者梅尔·列文是一位儿科医生。什么样的儿科医生呢？专门从事学习障碍的研究、专门帮助"学习障碍症"患者的儿科医生。从大脑的功能和结构到神经发展机能的八个系统（即八个"学习系统"），从肌肉协调能力欠缺引发的厌学倾向到语言表达能力不足导致的攻击欲望……

作者的叙述和议论极为专业，小安读得既累又香，仿佛蚂蚁啃骨头。一再联系《朗读手册》，一再感慨亦唏嘘。

不止一次，小安在我面前指天画地、声震屋瓦，害得我连滚带爬抢着去关门。那真是：一泻千里，飞流直下，滔滔不绝，出口成章。说完了，一边喘气一边给我布置作业："把我的话都录到你的日记里去！有说错的，以后你自己读过再更正也不迟。这可不是我无故劳烦你哦，这可是一件积功累德的好事情哦。为什么呢？教育观念的更新，总是从一颗大脑到另一颗大脑，一批读者到另一批读者——呃，慢慢来的！"说这话的时候，小安帅呆了。古风俨然啊，整个儿一个衣袂飘飘、述而不作的孔夫子。于是我敲：

"谁说美国孩子轻松了？一年级就要学历史了！一星期要读完一本书，一星期要写一篇读书报告！功课和舞蹈那么出色的一个高三女生，就因为不会转身发球，天天留下来补课，天天放学以后练发球！真该让我们的家长好好读读这本书，看看人家父母是怎么做的：操心孩子阅读，操心孩子写作，操心孩子计算，操心孩子口语，还要操心孩子的音乐、美术、手工、社交能力和运动协调性！一旦发现孩子哪方面有缺陷、有障碍，立刻去找医生，分析形成障碍的原因，制订克服障碍的计划。

"而且啊而且！分析原因，一定是先从父母自身找根源；制订了计划，一定是父母和孩子一起不折不扣地执行。本书的观点是：孩子的病根十有八九能在父母一方的身上找到。有一个案例，计划一订就是十条，执行一做就是好几年。真是咬定青山不放松啊。母子齐努力，全家齐上阵，硬是把孩子给活活扭转过来了。

"还有啊，在美国，班额超过40人，教师就喊负担过重了，不能因材施教了。在美国，早已达成的社会共识是：孩子学习主要是父母的事。教师的职责在于组织起高效的、面向全体的课堂教学，同时告诉父母在家应当怎么做，为家长提供专业性指导。一对一的指导和扶助，只有父母能够做到，也只能由父母去做。这样多好啊，这样教师就可以专心致志地研究教学了。一方面教师从气急败坏、焦头烂额的泥淖中解放出来了，一方面障碍生得到了来自父母的、更为切实有效的一对一的帮助了。这才是家庭、社会和学校有条不紊、各司其职的系统教育呢。

"现在我总算想明白了，一个国家的先进，首先是基于教育的先进，而一个国家教育的先进，又首先基于家庭教育的先进。你想啊，当父母普遍具有较高教育素养的时候，家庭和社会对于教师的专业要求也必然相应提高，学校教育的效率和质量必然相应提高。反过来，当社会把保姆、医生和杂役的责任一并强加于教师的时候，教师只能是终年疲于奔命，终日手忙脚乱，连课也很难上好了。最终受害的是谁呢？是所有学生、所有家庭和整个社会！"

二、"就是免费，我们也不要！"

过去的一个星期里，还是给周子善家打了两次电话，还是连着两次请马建母亲来校谈话。为什么？不放心啊。毕竟我们不是美国。哪怕已经是四年级了，哪怕一再发狠要松手。

可是，知道《朗读手册》以及《破茧而出》所说的道理还是大有益处的。人的精力是有限的，对于教师来说，合理支配自己的时间和精力，是自爱，更是敬业。想透了什么事是谁的责任，想透了什么时候该做什么事情，就可以集中精力做最有意义的事情。什么叫作智慧？智慧就是知道什么是最有意义的事情，并对最有意义的事情专心致志。

对我来说，四年级了，最有意义、最值得专心致志的事情就是潜心研究课堂教学：让每一次朗读，每一个40分钟尽量润泽、尽量光泽——尽量成为滋润和照耀学生的雨露和阳光，尽量成为赋予师生生命宝贵价值的"黄金时段"。这需要教师拥有充沛的精力和愉快的心境，这就需要教师运用理性和智慧，将自己从一些过不在己、责不在己的阴霾和焦虑中挣脱出来。

阴霾和焦虑会造成教师活力和创造力的大量虚耗。几乎在每一个教师那里，占据并耗费了大量心理能量的，往往就是几个"特困生"，是他们——其实是教师自己的不够明智、不够通透，使得教师的劳动变得低效，生活变得沮丧。从而整个班级的学习和生活也变得低效沮丧起来。这才是一将无能累死千军啊。

我在文字里反复提醒自己"聚焦"，将目光和心思聚焦于优秀学生、优秀家长——情绪糟糕的时候，宁可把问题晾到一边，悬置起来，冷处理一段时间，那不是不负责任，而是更负责任。因为焦虑是没有用的，因为这根本不是教师着急发力就能解决的问题。

当你凭借理智和智慧，从无用的焦虑中破茧而出，你的课堂就是晨光下的蝴蝶，它熠熠生辉、朝气蓬勃，它以美丽和活力诱惑着、召唤着教室里的每一个——对于那些吃力的孩子，这才是最大的利益所在啊。即便一言不发，即便只是傻听呆听，他们将因为这样的沉醉而忘记了自己的不足——在集体生活的浩荡春水与滚滚洪流中，不知不觉地或多或少消融了自己的不足。

冰冻三尺，非一日之寒。学生的缺点不是除恶务尽的敌人，"追穷寇"的结果只能强化学生对于自己的负面认同，只能让学生逃离教师、逃离校园。

还是回到测验的话题吧。学校教务处建议班主任"最好还是"为孩子订"更具有保密性，更能确保测试成绩的客观公正性"的"小白卷"。至于费用，还需班主任请家长委员会的委员代收。

我当然不会去操那份心的。多一套卷子，就多一份负担。既然订了，就得做。算一算，连做带讲，一套卷子一学期下来，至少要耗掉整整 10 节课。整整 10 节课，够我给孩子们念好几回《丑小鸭》呢。

对于热爱学习且善于学习的 1/3，一套卷子 10 节课是不折不扣的浪费生命；对于中等层次的 1/3，刚开始可能会影响成绩——可是家长很快会觉察到，很快会帮助孩子在家把"适当的训练"补上；余下的孩子和父母"双差"的 1/3——其实根本不到 1/3，才真的可能因此而使成绩受到损失。我说"可能"是因为：不做练习而用于其他事情的 10 节课，对于弱孩子也是更有意思、更有味道的滋养，没准儿会因此激发了他们的学习热情呢。送君千里，终有一别。教师也好，父母也好，成人的帮助总要有结束的一天，最终学习还是要靠自己的主动性才能完成啊。

　　世上从来就没有十全十美的事情。怎么做，都不能让 64 个孩子都得到均衡的好处。这就需要教师两害相权取其轻，两利相权取其丰了。而且，教师的决策一定要尽量让集体里最优秀、最勤奋的孩子得到最大的利益。班级是一个有机整体，是一整列的火车。当最优秀者有足够的空间大步前进的时候，整体水平必将得到强劲有力的带动——身处其中的弱孩子，也终将不由自主被裹挟着进步得更快。"宁为鸡头不做凤尾"，这是中国人所广为认同的平庸选择，怎么就没有人想一想：头是鸡的头，尾是凤的尾啊。随便取一羽凤凰的尾翎，也不知道要比鸡头——哪怕是公鸡头——漂亮得不可同日而语。

　　没有最好的，只有最合适的。对于学生而言，教师能够做到的最好，一定要是与教师秉性相契合的事情。

　　教学当然不能随心所欲。很多时候，教学其实是一门平衡的艺术，需要小心求得教师秉性和学生需要的平衡，班级发展和弱生需要的平衡。所以，在整个小语组乃至全校，我的小黑板是使用频率最高的：所有《基础训练》和所有测试的答案，我都会在课前认真写好，以备集体订正之用。这个办法很笨很板，可这里有切合弱生需要的扎实有效的体贴与帮助。同时，因为板书写在课前，又节省了对于所有人都很宝贵的课堂时间。

所以，面对教务处热切的建议，我和小安一致回答："现在多好啊！别说还要麻烦家委会了，就是免费，我们也不要！"

东拉西扯，废话说了这么多，只是为了拒绝一份沿用已久的测试卷。这说明什么？面对着势如大山的考试压力，作为教师，真要做到放下——哪怕是放下一点点，也是非常艰难、非常犹豫的。

然而渐渐放手是必须的。否则总也长不大，总也不能解放的，不仅是孩子，还有教师和家长。

这也是我们的破茧而出。

9月26日 / 星期三 ☀ 晴

云刀

在四川北部南坪、平武、松潘三县交界的万山丛中，有几条神奇的山沟。因为周围散布着九个藏族村寨，所以人们称它为九寨沟。

从南坪西行40公里，就来到九寨沟。一进入景区，就像到了一个童话世界。

一座座雪峰插入云霄，峰顶银光闪闪。大大小小的湖泊，像颗颗宝石镶嵌在彩带般的沟谷中。湖水清澈见底，湖底石块色彩斑斓。从河谷至山坡，遍布着原始森林。每当天气晴朗时，蓝天、白云、雪峰、森林，都倒映在湖水中，构成了一幅幅五彩缤纷的图画，难怪人们把这些湖泊叫作"五花海""五彩池"呢。由于河谷高低不平，湖泊与湖泊之间恰似一级级天然的台阶，由此形成的一道道高低错落的瀑布，宛如白练腾空，银花四溅，蔚为壮观。

继续向纵深行进，四处林深叶茂，游人逐渐稀少。注意，这时你已经走到珍稀动物经常出没的地区。也许，就在不远处，有一只体态粗壮的金丝猴，正攀吊在一棵大树上，眨巴着一对机灵的小眼睛向你窥视。也许，会有一群善于奔跑的羚羊突然窜出来，还没等你看清它们，又消失在前方的丛林中。也许，你的运气好，会在远处密密的竹丛中，发现一只憨态可掬的大熊猫，正若无其事地坐在那里咀嚼鲜嫩的竹叶。也许，你还会看见一只行动敏捷的小熊猫，从山坡跑下谷底，对着湖面美滋滋地照镜子。

雪峰插云，古木参天，平湖飞瀑，异兽珍禽……九寨沟真是个充满诗情画意的人间仙境啊！

这是《九寨沟》，不知作者为谁。真可惜。

一、二两段，介绍九寨沟的地理位置和名称来由，一带而过，读过便可。第四段，抓住四个"也许"构成的排比句式，分角色读几遍，也就可以了。第五段总结全文，"人间仙境"与前面的"童话世界"遥相呼应，是典型的圆满结局，不需多言。问题在于这里的"异兽珍禽"与前一段全是兽类的金丝猴、羚羊、大熊猫、小熊猫不太吻合。就因为第四段里不闻一鸟、不见片羽，结尾的"珍禽"便形同虚拟，令人生疑。

这是一个不小的缺憾,只要稍加注意就可避免。

然而文章还是不错的——主要因为第三段。它是让文章奇崛、灵动起来的华彩部分。然而这一段乍看却似乎有点随意散乱,如果不把暗藏其中的"审美线索"梳理出来,不仅背起来吃力,学生对于九寨沟风光之美的感受也会大打折扣。

每当遇到有意思、有难度的段落,划分层次是教师乐意并擅长的。将段落析为若干层次的竖线"丨",有如庖丁手中的刀,"依乎天理,批大郤,导大窾,因其固然,枝经肯綮之未尝,而况大軱乎!"

一座座雪峰插入云霄,峰顶银光闪闪。大大小小的湖泊,像颗颗宝石镶嵌在彩带般的沟谷中。湖水清澈见底,湖底石块色彩斑斓。从河谷至山坡,遍布着原始森林。

第一层。雪峰、湖泊、原始森林,放眼望去,以沟谷为中心的景区地貌一览无余。朗读,圈出"雪峰""湖泊""原始森林",记下"放眼望,地貌奇且美"。再读——

每当天气晴朗时,蓝天、白云、雪峰、森林,都倒映在湖水中,构成了一幅幅五彩缤纷的图画,难怪人们把这些湖泊叫作"五花海""五彩池"呢。

第二层。"又写雪峰,又写森林,而且多出了蓝天、白云,湖泊在哪儿呢?"教师问。

"湖泊倒映着蓝天、白云、雪峰、森林。""蓝天、白云、雪峰、森林倒映在湖泊里。""湖泊变成了五彩缤纷的图画!"

"于是啊,清澈见底的湖泊,倒映着蓝天、白云、雪峰、森林的湖泊,水底布满五彩斑斓的石块的湖泊——每当天气晴朗的时候,湖泊就变成了什么?"

"五花海!五彩池!一幅幅五彩缤纷的图画!"

朗读。圈出"倒映""图画""五花海""五彩池",记下"低头瞧,晴湖美如画"。

由于河谷高低不平,湖泊与湖泊之间恰似一级级天然的台阶,由此形成的一道道高低错落的瀑布,宛如白练腾空,银花四溅,蔚为壮观。

第三层。"现在,作者的目光离开哪里又落到了哪里?于是作者看见了什么?"

"作者的目光离开了平静的湖面,落到了高低不平的河谷上。于是作者看见了湖泊与湖泊之间形成的瀑布。"

朗读。圈出"瀑布",记下"沿河看,平湖飞成瀑"。

"解牛"至此毕,下面是"复牛"。

"现在,你们看见九寨沟的风光了吗?"

"看见了。"

"全段，读！"

…………

"现在，你们感受到作者的目光了吗？"

"感受到了！""作者先看见的是整个景区的地貌，然后看见的是雪峰、森林，还有蓝天、白云在湖上的倒影，最后看见的是湖泊因为天然台阶而形成的瀑布。"

"读！"

…………

"本段出现最多的是哪一个字？共几次？"

"湖！""湖泊、湖水、湖底、湖水、湖泊、湖泊与湖泊，七次！""一共七次！"

"满纸明媚的湖光，满纸清澈的水色，这正是这一段让我们觉得特别干净、特别美丽、特别明亮、特别水灵的原因啊——读！"

一座座雪峰插入云霄，峰顶银光闪闪。大大小小的湖泊，像颗颗宝石镶嵌在彩带般的沟谷中。湖水清澈见底，湖底石块色彩斑斓。从河谷至山坡，遍布着原始森林。每当天气晴朗时，蓝天、白云、雪峰、森林，都倒映在湖水中，构成了一幅幅五彩缤纷的图画，难怪人

> 们把这些湖泊叫作"五花海""五彩池"呢。由于河谷高低不平,湖泊与湖泊之间恰似一级级天然的台阶,由此形成的一道道高低错落的瀑布,宛如白练腾空,银花四溅,蔚为壮观。

"手之所触,肩之所倚,足之所履,膝之所踦,砉然响然,奏刀騞然,莫不中音,合于《桑林》之舞,乃中《经首》之会。"这是庖丁解牛的节奏。"謋然已解,如土委地。提刀而立,为之四顾,为之踌躇满志,善刀而藏之。"这是庖丁解牛的快意。

其实,"解牛"是个很不恰当的比喻。语文课上,解牛的目的在于让牛变得更全、更活、更健劲。

所以教师手中的刀,不能叫作"牛刀"——只能叫作"云刀"。

10月 October

水到渠成的事情

10月8日 / 星期一 晴

水到渠成的事情

"三天运动会、国庆黄金周,整整十天长假,孩子们大约玩疯了。"

早自习胡婧怡、李旭冉、晏楚芸、李自成依次上台,汇报关于《屋顶上的小飞人》《男生日记》《夏洛的网》《学习大王》的阅读心得。四个小家伙写得洋洋洒洒,流畅响亮。一阵接一阵的掌声中,全体同学目光闪烁,精心准备的训话变为激情洋溢的点评。来自孩子的读书宣讲,就是最好的学习动员和收心报告。

9月26日，讨论完"嗯嗯"之后，轮到的两组里，报名做读书汇报的恰好是四个。我想，以后报名的人会渐渐多起来的，那就需要教师斟酌裁定了，主要的原则是"态度第一，新手优先"。新手优先的前提是确保活动质量，确保每段宝贵的20分钟在精彩的文字、响亮的朗读、由衷的掌声及富于激发性的点评中立起来、亮起来。孩子出色的表现来自台上的锻炼，更来自台下的潜心阅读、用心写作和朗读准备——而为阅读、写作和准备注入强劲动力的，就是那立起来、亮起来的身边榜样。

10月2日，一早就在"云门弟子"的帖下读到了李旭冉的《〈男生日记〉读后感》。兴奋之余，教师随手跟帖道：

> 喜欢男生李旭冉。表扬是喜欢，训斥也是喜欢。尤其喜欢你发言时说着说着便比比画画的样子，那可是看云的招牌姿势哦。能够结合"妈妈怕狗"和"我们玩沙"的生活细节，把读后感写得情真意切、有声有色，真是十分难得。假日里把稿子整透熟咯！准备的过程其实就是最好的修改过程。记住，凡是念起来不顺口的，就是需要修改的。上次全校举行古诗文朗诵大赛，老师因为你翻墙摔伤了脚，便取消了你的参赛资格，为的是对你、对全班同学进行比读书更为重要的安全教育。而且你也

知道,只要你有心,只要你争取,机会总是有的。现在,机会又来了。10月8日,好好表现吧,把上次的损失好好弥补回来。我相信,长假之后的那个周一的早晨,我们的教室里定会有一场精彩好戏。

我知道,天天来论坛读"云门弟子"及"四(2)班的故事"的学生和家长有很多,所以,读到这一番长篇大论,并且因这一番长篇大论而有感触、有所行动的——绝不只是男生李旭冉一个!凡是有心的,凡是愿意的,踊跃奋进、摩拳擦掌吧,讲台就在那里,讲台是属于你们的舞台和竞技场。我相信,靠教师的示范、鼓舞和"煽动",靠你们的竞争、努力和磨炼,教师精心培植起来的对于朗读,还有倾听、表达的向往与享受的美好感觉,一定会成为一股温暖而持久的力量,促进你们在文学语言的世界里,用心灵,用声音——找到自己,形成自己。

今天他们还只是读得流畅响亮。在可以预见的将来,一个接一个,当学生在教师的鼓励下,在榜样的带动下,把稿子整得透熟,且在家里对着镜子练过很多遍,从而可以脱稿或者一边朗读一边与听众做目光交流的时候——他们已经开始尝试讲演了。

讲演从读书汇报开始,这是教师暑假就想好的事情,这也是水到渠成的事情。

附：

《男生日记》读后感

这本书讲了六年级的男生吴缅的快乐的暑假,他跟爸爸坐军车去西藏玩,一路上经过了二郎山、康定山、塔公、野人海,最后到达西藏。他们帮助宋立春筹集学费,同时挽救了一场即将毁灭的婚姻;帮助山区失学孩子重返校园……当爸爸问他是否坐飞机去西藏时,吴缅提出坐军车去吧!这表现了吴缅的冒险精神。

在他们毕业的时候,吴缅帮助精豆豆、古龙飞、冉冬阳三个好朋友学习奥数题,他们同心协力,最后除豆豆没考上外,其他的人全都考上了自己理想的中学。

我最喜欢《"贝多芬"和"梦露"》和《燃眉之急,同舟共济》这两篇。《"贝多芬"和"梦露"》是这样的:小主人公吴缅家有一条狗和一只猫,你们一定知道了吧!这两个名字就是猫和狗的名字。狗的名字叫"贝多芬",因为妈妈说这只狗毛发长长的,就像音乐家贝多芬一样。猫的名字叫"梦露",因为它很苗条,很美,长得就像好莱坞大片里的大美女影星梦露一样。它俩非常讨吴缅妈妈的喜欢,是吴缅妈妈的心肝宝贝。这次吴缅要旅游,妈妈要出差,得找个可靠的哥们去寄养它们。经过一番寻找,最终算替它们找了一个好的临时主人——冉冬阳。

这时,我非常想当吴缅的同学,我非常想替他养两个小可爱,好好地照顾它们。平时我妈妈根本不会让我养小猫小狗,因为她非常地怕,她小时候被邻居家的狗咬过。我想,我要是替同学临时照顾几天,妈妈该不会说我的。

《燃眉之急,同舟共济》说的是:精豆豆、古龙飞、吴缅去冉冬阳家复习,中午就在冉冬阳家吃饭,冬阳让书呆子古龙飞去剥、切西红柿。古龙飞非常地细心,恨不得用尺子去比画。让精豆豆打鸡蛋,打了10个,有9个鸡蛋碎了,就一个是好的。让吴缅切火腿,切得四四方方的。大家好不容易把美餐做好了。读到这里,我不由得想起夏天的夜晚我和好朋友玩堆沙的情景。一般都是你挖沙,我提水,他和沙,很快一座漂亮的沙山就堆成了,引来了很多赞美的目光。真是只有同心协力才能做好一件事啊!

我喜欢看《男生日记》。

10月15日 / 星期一 晴

为什么是《昆虫记》

家长：

　　您好！

　　又到购置班级共读图书的时候了。

　　距离上次购买《小鼹鼠的故事》已经整整一年了。一年来，由于各位的支持、督促与共读，孩子们的阅读兴趣、阅读水平有了很大提高。一周一部甚至两部小说，是不少学生的日常阅读量。阅读热情是需要刺激的，新鲜图书就是新鲜的刺激，所以，经过反复斟酌、慎重选择，教师确定四年级班级共读图书为绘本《昆虫记》（北京科学技术出版社，单价19.80元。如要购买，单本付钱20元整）。理由如下：

　　1. 无论是放在科学界还是文学界，法布尔的《昆虫记》都是绝无仅有的伟大著作。通过阅读《昆虫记》，人们不仅能够得到散文的熏陶、诗意的浸润、科学知识的滋养，更能在字里行间感受到法布尔刚毅慈悲、顽强探索的伟大人格。对于大多数小学生来说，阅读全本译著的《昆虫记》难度较大，故此，教师希望通过绘本的引领，让孩子们提前领略《昆虫记》的惊人魅力，从而牵引孩子步入原著庄严质朴的大厦。

2. 这套绘本是从韩国引进的，画面生动传神，文字部分为"散文+诗歌"的形式。这就在有限的篇幅里，创造性地展示了《昆虫记》的文学之美。这是可以观赏、可以朗诵、可以表演的科普读物，这又绝不仅仅是科普读物。对于成人来说，也极具吸引力，何况是儿童？

3. 一年级以来，绘本一直是本班孩子的精神美餐。他们在教室里听到的，都是教师的私人藏书。集体购书享受80%的优惠，剩下的20%的书款购得的共用读物主要都是"字书"。学生很想拥有属于自己的绘本。

4. 从理论上说，只要孩子人缘足够好，能够做到"好借好还"，买一本，就可以读到全套10本。早自习教师朗读过《战争狂红蚂蚁》之后，孩子们迫切期待绘本《昆虫记》的到来。可以确信：学生对于散文、诗歌、科普的兴趣会因此得到激发，同时到达的新一批班级共用图书，正好满足了孩子的需要。

本着完全自愿的原则，如愿为孩子购买，请让孩子填写回执，裁下来后，明天交给教师。如果不买的，可以不交回执。

祝全家幸福！

语文教师薛瑞萍
2007年10月15日

....

我是（　　），我喜欢《昆虫记》，我买（　　）本。

10月17日 / 星期三 　晴

"他看见了人！"

一、"但今天，我们只读神话。"

文章可以分为四个意义段。一、盘古开天辟地之前的宇宙；二、开天辟地；三、化生万物；四、总结全文。

"朗读课文，背诵六、七、八自然段。"这是课后要求。教学中就该有意将注意力、兴奋区牵引至此。前两段答疑解惑，"端正学习态度"。

"'天和地还没有分开'，说的不就是地球远古时候的样子吗？怎么下面又说'整个宇宙混沌一团，像个大鸡蛋'呢？"

"'一丝微光透了进来'，既然宇宙就是一个大鸡蛋，那么一丝微光是从哪里来的呢？"

答复之后，教师又说："如果我们用'地球''宇宙'的科学概念去挑剔，还会挑出很多毛病——简直到处都是漏洞！其实，有问题的不是文章，而是我们看文章的态度。对于自然奥秘，我们能够得到的解释有三种：一是神话传说，二是科学答案，三科学推测。既然这是一篇神话，我们就应当用阅读神话应当有的浪漫态度去对待，这样才会有收获、有乐趣。如果你们有探索自然奥秘的兴趣，那是最好不过的事情。但今天，我们只读神话。"

二、"盘古好伟大！"

"老师，我有一个问题，不是科学方面的。'这样又经过了一万八千年，天升得极高了，地变得极厚了，盘古的身体也长得极长了。'我想问的是，在这一万八千年里，盘古睡觉不睡觉？"李旭冉问。

"当然不睡！""如果盘古睡着了，天会掉下来砸死盘古的！"

"'轻而清的东西冉冉上升，变成了天；重而浊的东西慢慢下沉，变成了地。'——注意，'轻而清'！天会掉下来砸死盘古吗？"

"不会！"

"那他为什么不睡觉？"

"他怕天和地又合拢了，重新变成混沌的大鸡蛋。"

"这个巍峨的巨人，就像根长柱子似的，撑在天和地之间，不让它们重新合拢。告诉我，你们听出了什么？"

"盘古很艰辛、很劳累。""一万八千年啊！""时间很漫长，盘古很孤独。"

几千万年过去了，天不再升高，地不再加厚，而盘古也已精疲力竭。他知道天地再也不会合拢，就含着微笑倒下了。

孩子们齐读第六自然段之后，老师问："盘古是怎么死的？"

"精疲力竭，开天辟地活活累死的。"

"他为什么微笑？"

"他知道天地再也不会合拢了。"

"还有呢？"

"临死前，他把身躯化为万物。""他知道自己死后，天地之间不会是空荡荡的。""有风，有云，有太阳，有月亮，还有山河、大道和良田。"

"他看见了人！"一个声音高叫着，是从不发言的李玉琢。

"掌声！"掌声之后，"为什么给她掌声？"

"天地之间原来什么都没有，盘古把身躯化为了万物，天地之间就有了风、云、雷霆、太阳、月亮、三山五岳、江河、道路、良田，还有雨露甘霖。然后慢慢就有了生命，就有了人类！"

"盘古知道后来的这一切吗？"

"知道！""不知道！"争论起来。

"也许知道，也许不知道。盘古是大神，我们却不知道大神预测未来的本领有多大。但是，有一点他一定是知道的，那就是——"

"宇宙不再空荡荡了。""天地之间慢慢会有生命。""世界会热闹起来，美丽起来。""他的辛劳和孤独没有白费！"

"盘古好伟大！"七嘴八舌的议论中，李自成大声喊道。

"是啊，盘古好伟大！七、八两段连起来，读！"

齐读之后，分角色、交换角色再读。

（合）临死的时候，他的身躯化成了万物：（A）口中呼出的气变成了风和云，（B）发出的声音变成了轰隆的雷霆，（A）左眼变成了光芒万丈的太阳，（B）右眼变成了皎洁明媚的月亮，（A）隆起的肌肉变成了三山五岳，（B）流淌的血液变成了奔腾的江河，（A）筋脉变成了纵横交错的大道，（B）皮肤变成了万顷良田，（合）就连流出的汗水也变成了滋润万物的雨露甘霖。

（合）就这样，盘古以他的神力和身躯，开辟了天地，化生出世间万物。

三、"盘古死了吗？"

"盘古死了吗？"
"没有！"
"他在哪里？"
"他在风里云里。""他在雷霆里。""他在太阳月亮里。""他在山岳和江河里。""他在大道和良田里。""他在雨露甘霖里。"
"起风了，来云了——""那是盘古在呼吸。"
"雷声隆隆！""那是盘古在叫喊！"
"阳光灿烂，月光明媚——""那是盘古在看着我们。"
"三山五岳多么雄伟！""那是盘古隆起的肌肉。"
"奔腾的江河浩浩荡荡！""那是盘古的血液在流淌！"
"雨露甘霖滋润着万物蓬勃生长。""那是盘古辛劳的汗水。"
"我说盘古就活在我的身上，为什么？"
"没有盘古开天辟地，没有盘古把身体化生为万物，世界上就不会有生命，生命就不会慢慢进化到人类，就不会有薛老师，也不会有我们。""盘古也活在我们身上。"

"《开天辟地》，是一个神话故事，是祖先用想象编织出来的对于宇宙奥秘的答案。为什么这样编织？猜猜看！"热闹的教室一下沉寂，"盘古是怎样的一个人？"

"不怕艰辛，不怕孤独。""勇于奉献，一心造福后人。""神力非凡！"

"不怕艰辛，不怕孤独，勇于奉献，一心造福大家，具有非凡的神力。是的，盘古是大神。我们还可以说盘古是什么？"

"英雄！伟大的英雄！"

"如果你——不怕艰辛，不怕孤独，勇于奉献，靠着勤奋努力，拥有了非凡本领，并且将本领用于造福大家，做出从来没有人敢做、从来没有人能做的事情，那么你就是什么人？"

"我就是盘古！我就是英雄！"

"六、七、八三段连起来——读！"

后　记

"一万八千年不睡的原因极可能是：盘古已经睡了一万八千年。睡得足，所以醒得透，干劲大。就是我们凡人，八小时睡眠，八小时工作，也不算什么劳苦。盘古之所以是大神，之所以能成就开天辟地的伟大事业，也许就是因为他能一觉睡上一万八千年呢。"小安如是说。

联系到米切尔·恩德的《毛毛》及诸多中外神话都有从超级漫长、超级充分的睡眠获得非凡神力的情节。看云觉得小安的想法极有意思，极有道理。

尽管如此，因为第六自然段有"几千万年过去了"的话，所以，我们关于盘古工作漫长、艰辛、孤独的说法，仍然可以成立。

第三单元测验情况汇总：

90—100分，17人；

80—89分，28人；

70—79分，14人；

60—69分，3人；

50—59分，2人。

10月23日 / 星期二 ☀ 晴

是普罗米修斯自己，是人类自己

一、"是普罗米修斯救了自己！"

七、八两段齐读之后。

"不远万里，不远万里来到了高加索山的悬崖下；张弓搭箭，张弓搭箭射死了凶残的鹫鹰——他是谁？"

"赫剌克勒斯！"

"赫剌克勒斯射死了鹫鹰，解放了普罗米修斯，这是凡人对主神的挑战，这是善良对邪恶的宣战。敢于这样做，能够这样做，赫剌克勒斯凭的什么？或者说赫剌克勒斯一定要具备了什么样的条件才能做到？"

"强壮的身体。""巨大的力量。""武艺高强。""弓箭很好。""还有勇气。"

"强壮的身体、巨大的力量、高强的武艺、精良的武器，还有超人的勇气,这些都是赫剌克勒斯成为英雄的资本。它们来自哪里?它们和普罗米修斯有什么关系?"

"都是因为火!""有了火,吃熟的食物,人类的体质越来越强健。""有了火,就不怕黑夜,不怕猛兽,人类的勇气越来越大。""有了火,人类可以打造工具,也包括武器。""这一切都是天火带来的!""这一切都是普罗米修斯带来的。"

"回答完全正确!课文可以证明。找到那段话了吗?读!"

> 普罗米修斯小心翼翼地把火种带到人间。从此,人类就用火来烧熟食物,驱寒取暖,用火来打造工具,还用火来驱赶凶猛的野兽。人类文明向前迈进了一大步。

"老师,是普罗米修斯救了自己!"朱翔宇站起来,"普罗米修斯不仅给人类带来了强壮的身体、力量、武艺、武器、勇气,他还用他的同情心和英雄气概感动了人类,所以才有赫剌克勒斯不远万里来到高加索山的悬崖下,张弓搭箭,射死凶残的鹫鹰,救下普罗米修斯的壮举。"

二、"获得解放的也是人类自己!"

"掌声!"掌声之后,黑板上一小一大,一细一粗地出现了:

人 **神**

"这是人与神的力量对比。这是什么时候的人与神的力量对比?"

"普罗米修斯盗火之前。"

"是的,那是在普罗米修斯盗火之前。面对奥林匹斯山上的神,他们就像地上爬行的蚂蚁。那时的人类多么卑微、弱小、胆怯、可怜啊!读!"

> 传说地球上本没有火种,那时人类的生活非常困苦。没有火烧烤食物,只好吃生的东西,没有火来照明,就只好在那无边的黑暗中,度过一个又一个漫长的黑夜……

教师紧接其后放声朗读七、八两段:

> 普罗米修斯忍受着巨大的痛苦,但他不后悔,也不屈服,情愿为人类而受苦。不知过去了多少年,普罗米修斯的英雄壮举感动了希腊大英雄赫剌克勒斯。他不远万里来到了高加索山的悬崖下,张弓搭箭,射死了凶残

的鹫鹰,把普罗米修斯救了下来。

普罗米修斯终于获得了自由。

"是谁获得了解放?"

"是普罗米修斯。"

"是谁解放了普罗米修斯?"

"是赫剌克勒斯!""也是普罗米修斯自己!"

"当赫剌克勒斯张弓搭箭射死鹫鹰的时候,当赫剌克勒斯将普罗米修斯从高加索山的悬崖上救下的时候——"教师猛然转身,指着黑板上一小一大,一细一粗的两个字,"现在,我们该怎样表示人与神的力量对比?"

"把人写大大的!""把人写粗粗的!""人类变得强大了!""人类有力量拯救普罗米修斯了!"

人 神

"哦!"学生中间起了轻轻的欢呼。

"赫剌克勒斯解放了谁?"

"普罗米修斯。"

"仅仅是普罗米修斯吗?"

"获得解放的也是人类自己!从此,人类有了英雄,敢于和神较量了!"项文静站起来大声说。

"什么叫作'不远万里'?"

"万里其实很远，可是赫刺克勒斯一心要救普罗米修斯，他就不觉得万里远了。"情绪激动的马建站都不站地放声回答。

"宙斯为什么不干脆杀死普罗米修斯？"

"为了慢慢折磨他，为了让他生不如死。"张悦媛说。

"对。还有一个原因，就是众神之中，只有普罗米修斯知道一个秘密，一个对于宙斯来说无比重要、生死攸关的秘密——谁将推翻宙斯，成为未来的主神。"

"谁？"

"找书去！看书去！"

"老师，我已经上网搜过了，妈妈今天就给我买《古希腊神话故事》。"鲍秉轩说。

10月29日 / 星期一 ☁ 阴

找到爱，才算找到自己

一、"这个问题可笑吗？"

《我是谁？我的爱……》——作者，[法]贝阿特丽斯·阿勒玛尼亚；翻译，爱伢。朋友喜欢得一塌糊涂，在电话里念给我听。也许就因为那是"谁"的声音吧，听的时候很温暖，很有感觉。及至拿到书，及至用眼去看，用脑去想，又觉得故事其实很简单——很单薄，以至于想不通听的感觉为什么会那么甜，那么丰润。

我是个保守派。孩子们喜欢得不得了的《嗯嗯》，是犹豫再三才带进教室的。至于读《活了100万次的猫》，也是在小安念过之后。那时候，她带一年级。

《我是谁？我的爱……》中所有的画面，包括底色，都是用毛边布块和粗大针脚剪贴襻缝而成的——絮絮拉拉、笨笨拙拙。每页都有纽扣，作为车轮、眼睛、衣服、栅栏、屋脊，还有纽扣再三撩起你转动把玩的冲动。这些由手指输入的、细致体贴的快乐,只能看图的学生品尝不到。好可惜。

"这个故事啊,情节很简单,内涵很丰富。薛老师自己也有点似懂非懂。可是你们知道吗?好多次了,老师自以为已经读透的故事,在我读给你们听的时候,在你们发言的时候,会有许多新鲜的问题和新鲜的体会自然而然地冒出来。这些新鲜的问题和新鲜的体会,朗读之前是根本不存在的。所以,当你们入神地倾听,你们就是在用你们的呼吸和你们的心动润泽故事、启发老师。对于老师来说,这真是一种幸福。今天,我把这个故事讲给你们,就是希望从中得到你们的启发和润泽。"讲述之前,教师老老实实地说。如果不是贪恋这份来自孩子的特殊新鲜的启发、特殊甘甜的润泽,朗读的事情,教师怎么会做到今天?

"我是谁?我的爱……"当板书出现的时候,大家都笑了。"我是谁?""还有人不知道自己是谁!""嘿嘿,好奇怪。好好笑哦。"

"你是谁?"教师随口问。

"我是李旭冉!"学生不假思索地答。

"重名的人多着呢。如果对面也有一个李旭冉,那么你是谁?"

"我是爸爸妈妈的孩子!"很多人更正道。

"谁不是爸爸妈妈的孩子？这样的回答等于没答！那么你是谁？"教师问很多人。

"我！我是安徽省，合肥市，62中学，四（2）班，第二组第四排的马建！"

"听了这样的自我介绍，除了亲人、朋友、老师、同学，别人还是不了解你啊。他们知道的，仅仅是你的名字、你的位置而已。他们根本不知道你究竟是谁，他们根本不了解你究竟是怎样的一个人。请问：安徽省，合肥市，62中学，四（2）班，第二组第四排的马建——你是谁？"

"我……"马建语塞了。很多人语塞了。

"'我是谁？'这个问题可笑吗？"

"不可笑。"

二、"人不知道自己是谁很痛苦"

我是一个奇怪的动物。

一个莫名其妙的东西，长着狗的毛和猪的脑袋。

"大猫咪，你来抓老鼠好吗？"——"对不起，太太，我不是猫。"

"快看！那儿有一只奇怪的猴子！"——"哼，我呀，我可不是什么猴子！"

"这是什么？一只耗子？"——"你说什么？！"

"你是鸽子吗?"——"不是。"

"哈哈,总算来了,这一定是那头应该在下午三点到的狮子!"——"我不是您的狮子,先生。"

"噗——今天闻到一股狗味!"——"我的跳蚤们,我绝对不是狗。"

不是鳄鱼,也不是海狸……更不是河马。不是鼹鼠。也不是野猪。可我是谁呢?

开阔的广场边,深色的高墙下,"我"在条纹灰布铺成的水泥通道上狂奔,似乎被一样看不见的、可怖的东西追逐着。开始还嘻嘻笑的他们,这时都不笑了。看着"我"惊惶狂奔的背影,孩子们满眼都是同情。

"我为什么狂奔?"

"我心里充满疑惑。""我很难过。""我很孤独。""我不知道我是谁。""不是猫,不是猴子,不是耗子,不是狮子……我不是人们以为的那些动物。""我没有地方可以知道我是谁。""人因为不知道自己是谁而很痛苦。"

三、"好温暖哦!"

"猜猜看,下面发生了什么事?"

"'我'遇到一个人,而且是一个小女孩。她喜欢'我',

给'我'起了名字。从此以后,'我'就叫那个名字了,'我'就知道'我'是谁了。"项文静说。

"遇到一个喜欢'我'的人,她给'我'起了名字,'我'就叫那个名字,'我'就知道'我'是谁了!"教师重复着,兴奋又温暖。

"你好!我喜欢你的毛。"

对面来了一个相貌比"我"还怪的小东西:兔子的耳朵,刺猬的脊背,山羊的脚,孩子的脸。

"这个小东西,和'我'从前遇到的那些人有什么不同?"

"小东西相貌也很怪。""小东西不问'我'是谁。""小东西喜欢'我'的毛。"

"'你好!我喜欢你的毛。'听了这样说,'我',就是这个大的,会有什么感觉?"

"高兴,高兴有人喜欢自己。""奇怪,奇怪小的为什么不问自己是谁。"

"你不想知道我是谁?"

刚才是面对面,现在是肩并肩——同时迈开的右前腿,同时看着读者的眼睛,既是无意识的步调一致,也是极惬意的松弛和相近。虽然是在发问,可大家伙的表情,已然不再惶然错愕。

"温暖吗?"就在这随口一问间,教师蓦然想起生命中那些与人携手并肩的时光、那些无语凝涕的时刻。婆娑的树姿、柔和的月色、拂面的清风、散漫的步履,还有不知是来自花朵还是来自彼此心田的若有若无的栀子香气。此刻我才知道,那时在我生命中流过的,是至柔至暖的乐曲。

"温暖。"学生轻轻说。

"'你不想知道我是谁?'猜猜看,小东西会怎样回答呢?"

"你是和我一样的怪物。""你是和我一样孤独的人。""我就喜欢你的毛。""我才不管你是谁呢!"

"你是我的爱。"

大树下,大家伙和小东西紧紧偎依,双双闭上了眼睛。

"温暖吗?"教师再问。

"好温暖哦。"

"为什么?"

"'我'已经不是一个人了。""小东西也不是一个人了。"

"'我'是谁?"

"'我'是小东西的爱。"

"这叫什么答案?"

"答案不重要，得到爱才重要。"

四、"爱需要理由吗？"

重读之后，继续讨论。问和答都有点乱，下面是整理过的记录——其实上面也是。

"爱需要理由吗？"

"需要！""不需要！"

"老师喜欢王涛吗？"教师随手摸着王涛的头。

"喜欢。"

"如果王涛成绩优秀，老师喜不喜欢他？"

"当然喜欢！"

"是更喜欢！王涛学习吃力，经常不交作业。可老师还是喜欢他。老师的这种喜欢，比较成绩优秀才喜欢，哪一种喜欢更可贵？"

"后一种。"

"为什么？"

"老师喜欢学生，是不需要理由的。""妈妈爱宝宝，也是不需要理由的。"

"有需要理由的爱，有不需要理由的爱，哪一种爱更真更可贵？"

"不需要理由的爱。"

"你们希望得到的，是需要理由的爱，还是不需要理由的爱？"

"不需要理由的爱！"全班意见出奇地一致，他们真的很爱自己啊。

"不需要理由的爱好不好？"

"不好。"朱翔宇说。

"为什么？"

"不需要理由，你可能爱上一个坏人。"

"可是爱也会让坏人变好。"晏楚芸站起来，"人是会变的，如果爱需要理由，如果你因为他好才爱他，那么你爱的其实是他的优点，而不是这个人。要是他不那么好了，你的爱就可能消失了。"

"一个问题！没有理由的爱，是否会让人变坏？"

"没有理由的爱，可能让人变坏，所以爱不等于溺爱。而且我觉得，需要理由更容易让人变好。如果你知道坏孩子没人喜欢，那么你就会努力成为一个让人喜欢的人。"韩玉琤说。

"先要有爱，然后才能学好。"姚剑强说，"一个人在世上得不到爱，他就会觉得生活一片黑暗，那么他怎么会成为好人呢？"

"'我'是谁？"教师转身指黑板。

"'我'是小东西的爱。"

"你是谁?"教师冷不防地向着从不举手的丁若琳发问。

丁若琳慢吞吞地站起来,慢吞吞地说出声:"我是薛瑞萍的学生。"

"那么我是谁?"教师指着自己大声问,"答案有很多,我是我母亲的女儿,我是金戈的母亲,我是一个爱读书、爱写文章的人,我是一个坏脾气的人,我也是你们的老师——你们说,我是谁?"

"你是我们最好的老师!"韩玉琤大声说。

"'我是薛瑞萍的学生。''你是我们最好的老师!'这两个看起来不一样的答案里,其实都包含了同一个字,它就是——"

"爱!"

"找到爱,才算找到自己。只有在爱里,你才真正知道你是谁。谢谢大家,今天,我更知道我是谁了。"

最后这段话,不是在课堂上说的,而是刚刚自动冒出来的。

这就是写作的好处啊!反思性质的记录,其实是深具生成力量的。

11月 November

这就是我的作文指导

11月1日 / 星期四 ☁ 阴

12字口诀

第四单元测验情况汇总：

90—99分，29人；

80—89分，20人；

70—79分，12人；

60—69分，2人；

不及格，1人。

"新生"宋世君91分。今天教师在她的日记中读到："放学一回家，妈妈就喜滋滋地告诉我：'你不是一直吵着要买二年级的《日有所诵》吗？快看，这是什么？"这个黑黑憨憨的小姑娘，她已经开始津津有味地背"对子歌"了。

总体成绩较第三单元有进步，可是比起从前"小白卷"的测试结果还是差了一些。毕竟是"发展卷"，难度挺大，试题中出现大量课外内容。比如第六题"把句子补充完整"：

机不可失，（时不再来）。
（满招损），谦受益。
（读书破万卷），下笔如有神。
学如逆水行舟，（不进则退）。
（书山有路勤为径），学海无涯苦作舟。

很多孩子表示似曾相识，就是写不出来。"好亏哦！"他们叹息。"看的书挺多，考试却不知道用，这是怎么回事呢？"家长疑惑。

"原因很简单，第一看得不够多，第二看得不够深。怎样才能把读到的内容记住呢？"教师问。

"要用一个小本子，把好词好句抄写下来。"晏楚芸说。

"我在好词好句下面画线。"王辰伟说。

"马静婷把古诗内容编成游戏，在玩耍中复习唐诗，这也是很好的方法。"教师补充道，"当你们做作业的时候，薛老师总是在看书，老师看书的时候总是怎样？"

"一手拿尺，一手拿铅笔，边看边画线！"朱翔宇大声喊道。

"老师是不是一直埋头读？"

"不是的，老师经常抬起头来念！"盛建福荣说。好几次了，看着我念念有词的样子，她一边轻轻笑着，一边捅同桌的胳膊，让他看老师。

"遇到好词好句，或者读到重要的地方，不仅画线，还要停下来轻轻念三遍——至少三遍。还有，"教师从教材下面拿出一本《书屋》，从书页的中间抽出一张写满铅笔字的纸，"老师还要随手把下画线、念三遍的内容写出来。有时是全部写，有时候是写几个关键词。"

"是的，是的，我看见的！"第一排的小个子们纷纷作证。

"还有……"

"还有啊？！"

"老师喜欢把刚刚读到的好故事、好文章，说给朋友听、念给朋友听。立刻就说，立刻就念，立刻就演！绝不要等到第二天！"说到这里，教师转身在黑板上写下12字口诀，令他们记录下来，来回读三遍，并在之后的试卷订正中集体实践12字口诀：“下画线，读三遍，动笔写，说和演。”

在讲座《儿童和儿童的母语学习》里我说：对于儿童的母语学习来说，最重要的是营造温馨的环境，组织有趣的诵读，形成稳定的节律，给予适度的放松。环境、诵读、节奏、放松四个因素加在一起形成一个互相作用、互相影响的整体，这一整体的总体特征就是重视对于无意识和潜意识的呵护和培植。当绷紧的意识松懈的时候，儿童的学习便如同呼吸一样自然。

完成这个讲座的时候，是在三年级结束的暑假。

现在，个人凭直觉以为：随着年龄的增长、学习的深入，到四年级，强化主动学习的意识，教给有效学习的方法——是时候了。

今是昨非了吗？没有。自相矛盾了吗？没有。

"积极记忆迫切需要思维的平和。焦虑像电脑病毒那样影响记忆。"平和愉悦的心境，永远是有效学习、有效思维、有效工作的前提。只有在平和愉悦的心境中，只有在亲切温馨的教室里，教师才有可能把方法教给孩子，孩子才有可能接受我们教给的方法。

"第五题：动物喻人，请将有联系的人与动物用线连接起来。"我们是这样集体订正的：一、二两组读前面的两个四字词，三、四两组读后面对应的动物，然后交换角色读。只要教师有心，环境可以总体温馨，诵读可以经常进行，节奏可以自然生成，感觉可以适度放松。听啊！

（A）立场不稳，见风使舵——（B）变色龙！

（A）笑脸相迎，两面三刀——（B）笑面虎！

（A）强横无赖，独霸一方——（B）地头蛇！

（A）一毛不拔，吝啬钱财——（B）铁公鸡！

今后在课堂教学乃至朗读课上，教师会经常提醒孩子集体实践12字口诀。当这种有意识的提醒和操练次数够多的时候，或早或迟、或多或少，总有一些孩子会把今天教给他们的方法，接到手里，融入习惯。通过反复提醒和练习，有意识地将其内化或升华为无意识。不动笔墨不读书，不发念诵不读书的"自动化"一旦实现，主动记忆和积极学习，将如呼吸一样自然。

如果光靠教师，或许将有几个孩子实现自动化；如果家长动起来，就会"行动"一个改变一个，虽然改变的程度各有不同。

"总之，学校不具备开发自动性的资源，理想的方法是家长在学校的建议下进行才切实可行。最终是一分耕耘一分收获。"类似的话书中随处可见。归根到底，《破茧而出》是一本家教之书。

11月5日 / 星期一 ☀ 晴

自然地引导

早自习，盛建福荣、李智炫、李宋杰、金佳岷依次上台，分别就《汤姆叔叔的小屋》《笑猫日记》和学生习作《只有妈妈欣赏我》《欣，我错了》做读后感汇报。

李智炫平时说话略有口吃，可是今天，李智炫的声音却出人意料的落落大方、流利响亮。他的"精彩故事剪辑"的读后感令听众一再笑逐颜开。

"我在家一……一共练习了八遍。"掌声之后，李智炫自豪地宣布，"我好……好喜欢这本书！"

所有的教师和家长都应当感谢杨红樱、J.K.罗琳、郑渊洁们，是他们成功的写作，把众多孩子从电视、电玩、"奥特曼"、"乌龙院"、"神探柯南"那里抢救回来，使这些孩子能够安静地坐在桌边，捧起书——亲近文字、亲近阅读。我清楚地记得，还在二年级的时候，王涛就用手指头点着字，于课间吃力又带劲地读《马小跳》了。这次本班共读图书里就有《哈利·波特与密室》。

十九世纪末叶，美国南方盛行一种毁灭人性的奴隶制度。这种奴隶制度，是将非洲更落后地区的黑人，强制押解到新大陆，做家畜式的买卖。遭受到买卖的黑奴，从此注定了他们一生被人使唤奴役的痛苦生涯，本书叙述的就是发生在这段时期的感人故事。

　　在肯塔基州，赛尔比家中有一位叫汤姆的黑奴，他是一位心地善良的人……

　　大约因为过分努力和专注吧，盛建福荣的身体站得笔直的，小脸绷得紧紧的，一向说话低声细气的她，正努力用清晰响亮的声音念出以上那些沉重的句子。同学们呢？一个个身体坐得笔直，小脸紧绷，他们听得专注而吃力，因为这篇读后感的内容——更确切地说，是这篇读后感的语言，对他们来说是遥远而陌生的。可是，正是这种陌生而遥远的感觉，隐约激起了他们的好奇与敬佩。

　　教师知道，《我读〈汤姆叔叔的小屋〉》的整段文字都是摘自小说前言、内容简介，但是，对于四年级孩子来说，这种摘录及为摘录而做的选择、组织，无异于探险者对于地形图的用心揣摩。

　　语言是思想的武器，语言是学习的工具，高层次的思想和学习，需要掌握高级别的武器和工具。而所谓高级语言，往往又是远离现实和具体生活的，是属于另一世界的别样艰深而神奇的符号。

口语是声音世界里的意义符号，0~6岁儿童学习说话、掌握口语符号的过程，也是从无意识中形成意识，从物我不分的混沌状态中独立出来成为具有日用层面的认识能力、行动能力的主观自我的过程。同样的道理，通过有意识的学习和修炼，通过阅读、交流、思考、表达、演算、实验、推理、论证……儿童接触高级语言、理解掌握高级语言，从而建构新的认知体系、形成新的行动能力的过程，其实也是个体生命超越日常生活进一步发展的过程——拥有新世界、成为新自我的过程。这是自我的第二次创造和诞生，在这一过程中，远离现实和具体生活的，属于另一世界的别样艰深而神奇的符号，是钥匙和路径，渡船和翅膀。

孩子为写读书心得而做的对于高级语言的摘录和体会——哪怕是"生吞活剥"呢，其实质也是：当同伴还在摆弄玩具的时候，他已经尝试着握住略显沉重的刀剑，向着充满荆棘又充满诱惑的地方迈开脚步。

如果教师对此视若无睹，这将是他一个人的事情，这将是他一个人的冒险。也许他会猛进，也许他会退缩。

所以，教师把最高褒奖给了盛建福荣。这褒奖同时也是对全班发出的只有动力没有压力的热切的召唤。

生命是主动的，主动的生命总是沿着三角的斜面往上升的。图画书—校园小说—世界儿童文学名著—世界名著，渐行渐远，渐攀渐高，这是很多孩子走过或正走着的阅读之旅、精神之旅。正如直角三角形斜边长度及高度都决定于底边长度一样，向着高远处的每一次迈进，都绝不是对来处和起点的排斥、远离，所谓"初级阶段"，将作为稳固可靠的底座和根基，作为长久释放清澈与活力的"童性之泉源"，支撑并沐浴着儿童的阅读家园——精神家园。

但是，相信生命的主动性又绝不意味着学校和父母可以放弃教育、引导、推动、点燃的责任。在作为生命整体的班级，当个别孩子怯生生地试图驾着高级语言的战车，向着"轻松读物"以外的陌生领域开进的时候，教师有责任把握时机，把发生在个别孩子身上的"一件小事"，变成推动集体进步的"历史事件"。

这样的引导，方不失自然。这样的自然，方不流于疏阔、散漫。

由点及面，由浅入深；根深本固，枝繁叶茂。在班级精神发展史上，这是一个漫长的过程。在这一漫长过程中，教师既需敏锐的直觉又需足够的耐心。一切随缘任运，一切相机而行。作为影响儿童发展的力量之一，教师不必高估自己的作用，不必过分苛求自己和学生，不必为自己、为学生设定具体的目标。谋事在人，成事在天。要多少好营养，多少好机缘，才能成就一个优秀的人啊！教师唯一应当为自己设定的目标就是：我尽力了，我问心无愧。

11月9日 / 星期五 ☁ 阴

谁来做监工？

期中测验情况汇总：

90—96分，13人；

80—89分，34人；

70—79分，11人；

60—69分，5人；

不及格，1人。

值得大力表扬的有：朱翔宇（95），张思凡（93），邢虎威（90），李志成（89），张芫玲（88），朱紫晖（87）。

试题难度中等偏高，很多题目看起来容易，其实颇具迷惑性，要想取得好成绩，必须是知识掌握得既扎实又灵活。第六题"修改一段话里的错误（错别字三个，标点符号一处，语病三处）"是从没遇到过的"超标题"，平均丢分有4分之多。所以，面对看起来不是太好的成绩，教师并不十分沮丧。

也许教师自己首先就要改变观念。四年级了，题型越来越活,范围越来越广,每次测验都是既挑战学生的扎实程度,又挑战学生的应变能力。陌生题型一再出现,也是一种必须经历的心理素质的考验——再不要希望像从前那样 90 多分占大半。当然,如果卷子简单一些、"基础"一些,分数必定提高不少,但是,对于正处在四年级这一特殊转折时期的班级来说,目前最需要的是定心静气、戒骄戒躁——所以,所以试题难一些,分数低一些,正好可以警示学生扎实再扎实,努力再努力。

就卷面分数而言,二、三年级语文成绩也不比四年级好多少。"还是要抓紧,还是要死搞,还是要多多地布置作业!"有同事发狠。而我则不以为然:一刀切的多抄多练,得益的只能是那些自己不努力、家长不出力的"双弱生"。为了他们,让多数孩子跟着受劳累耗时间,是真正的奖懒罚勤——太失公道。而且,对于"双弱生"来说,教师及多数同学的陪练性质的辛苦劳累,只能惯出他们的惰性,使其丧失了被警醒从而迎头赶上的机会。

当然,也有纵然掉到零分也不着急的,那些爹娘简直就拿学校当托儿所呢——不着急就不着急呗,病人不急郎中急,那是教师自戕自虐呢。对于这些理论上可能掉到零分的孩子,教师能做的,就是包容之、接纳之、怜悯之,尽力让他们感受到集体的温暖和快乐,从而让他们不因冷落歧视而厌学憎师。反过来，在没有家长配合的情况下，已经为面向班级的教学精疲力竭的教师如果在"准零分"身上单方面付出太多，迟早会因劳而无功产生怨憎情绪——从而在这些孩子身上"唤起"对于呕心沥血、恼羞成怒的教师的怨憎——从而使"准零分"加速成为真正的零分。相互憎恨、彼此对立，这简直是自然而然的事情。因为谁都不愿看见、谁都不能忍受自己的付出——尤其职分之外的"爱的奉献"竟然不能得到相应的回报。

法安法位。思不出位。

做好应当做的，只做应当做的；放过学生，就是放过自己。

在我看来，成功的教育不是让所有孩子都考高分、都考及格，而是让所有孩子都不讨厌学校，都愿意待在这个班级。到目前为止，我最引以为荣的就是：本班有成绩很差、学习吃力的孩子，却没有一个有意捣乱、影响课堂教学的孩子。那些成绩很差、学习吃力、听得懂听不懂都安静坐着的孩子，也是我疼爱的。放松，让他们在教室里觉得安全自在，不遭逼迫和羞辱，就是我的疼爱方式。这些弱孩子在教师那里感受到的放松和温暖，将成为一种力量，阻止他们成为敌视学校、敌视社会的破坏分子——从而如其父母所愿地在学校这所"幼儿园"里安全长到可以自食其力的年龄。对于这些孩子来说，这就是教师能够获得和应当追求的成功教育。

四年级了，更具独立意识的同时，也更具有反抗潜力。调动孩子的学习积极性，是教师努力追求的最高境界；发动家长，使其对孩子进行"一对一"的帮助，是教师努力追求的次高境界。聚焦狭长的"灰色地带"，无视其间明灭闪烁着的星星之火，不管三七二十一，时间、精力及教学方向被源自心境的灰色情绪所左右，其结果必定是灰色地带越蔓延越大——最终，连"灰色孩子"心中那点微弱的亮光也被彻底熄灭，那才是最大的不明智呢。

人的根性禀赋千差万别。事实上，无论社会和教育进步到什么地步，都不可能让所有儿童都热爱学习，让所有家长都有能力、有觉悟关注儿童学习。直面现实，心平气和——这需要智慧，更需要谦卑。

孩子的学习需要监工。必要的时候，教师也须担当监工的角色。但这只能是偶然的客串。最适合当监工角色的，是父母。教师应当是永远的指引者、推动者、召唤者。

父母应当对孩子正在学习的自动技巧和公式承担责任。每晚睡觉之前，应当让孩子练习数学公式、字母书写、基础词汇或者拼写（这是在长期记忆中巩固新信息的最佳时间）。学校实在没有时间单独帮助无意识记忆有问题的孩子记忆所有内容。父母的协助是唯一可行的方法，这能够防止学生产生这样危险沮丧的念头：他落后了，无法赶上别人。

　　学校承担着教育孩子如何学习的责任，父母也有教导孩子如何做作业的义务！父母可以适当充当监工的角色（而不是现在的常常被假定为孩子玩耍和娱乐的同伴的位置）。家庭应当渗透着有力的学习道德规范。无数的孩子，他们的学习成绩远远胜过他们的实际学习能力。家庭作业和学习是提高学生学习能力的绝佳时机。每周至少5个晚上，父母需要有规律地安排大脑活动时间。他们应当帮助孩子理解，塑造大脑的正确状态与保持身材同样重要——两者都需要日常锻炼。应当让孩子们明白，做作业不只是匆忙地完成作业，因为他们需要定量的时间进行学习（学习时间的长短取决于年龄和其他变化）。父母亲没有必要非得递上有趣的监工许可证，但他们确实需要认真对待监工的角色，但这一任务常常被忽视。（《破茧而出》第321页）

11月12日 / 星期一 　阴雨

朗读带来的是震动

一、前所未有的刚毅,前所未有的温柔

板书。孩子先念读本名称《课外美文》,次念文章题目《一件小事的震动》,再念作者"[美]索尔·贝娄"。然后,在因这样恭敬虔诚的称念而起的——在充满期待的安静中,教师朗读。

一件小事的震动
[美]索尔·贝娄

八月的一天下午,我住处的前面有一群孩子正起劲地捉那些五彩缤纷的蝴蝶,这使我想起了我小时候的一件往事。

那时候我住在南卡罗来纳州,12岁的我常常把一些野生的活物捉来关到笼子里玩,乐此不疲。我家住在树林边上,每到黄昏,很多画眉鸟回到林中休息和唱歌,

> 那歌声悦耳动听,没有一件人间的什么乐器能奏出这么优美的乐曲。我当机立断,决心捉一只小画眉放到我的笼子里,让它为我一个人唱歌。
>
> 果然我成功了。那鸟先是不安地拍打着翅膀,在笼中飞来扑去十分恐惧。后来就安静下来,承认了这个新家。站在笼子前,我听着小音乐家美妙的歌声,兴高采烈,真是喜从天降。

教师的声音是晴朗、顽劣的,晴朗、顽劣的声音将学生和那个小小胜利者融为一体。男孩成功征服小画眉的喜悦也征服了听众,孩子们略去了小鸟初到笼中的恐惧不安,和男孩一起陶醉于"小音乐家美妙的歌声"并且"兴高采烈"。"悦耳动听""当机立断""喜从天降"——不时有人在做这种低声的、即时的重复。教师知道,这是他们在用思维的眼睛,"看着"文章做着"下画线,读三遍"的事情。

> 我把鸟笼放到我家后院。第二天我发现有一只成年的画眉在专心致志地喂小画眉,不用说这定是小画眉的母亲,果然在她的呵护下,小画眉一口一口地吃了很多类似梅子的东西。我高兴极了,因为由它自己的母亲来照料,肯定比我这个外人要好多了,真不错,我竟找到了一个免费的保姆。

"嘿嘿！"有人轻轻地笑起来。他们看见：一个在笼外，一个在笼内，两只画眉亲密重逢的情形。他们在为男孩高兴，也在为鸟儿母子高兴。

次日，我又去看我的小俘虏在干什么，令我大惊失色的是，小鸟竟已经死了，怎么会呢？小鸟难道不是得到了最精心的照料了吗？我对此迷惑不解。

教师略停了停，看看下面。下面依然是一片安静——安静是绷紧的迷惑和莫名的惊恐。没有谁再"下画线，读三遍"了，所有人都瞪大了眼睛。

后来著名鸟类学家阿瑟·威利来看望家父，在我家小住。我找到一个机会，把事情说给他听。他听后做了解释。他说，当一只美洲画眉发现她的孩子被关在笼子里之后，就一定要喂小画眉足以致死的毒梅，她似乎坚信，孩子死了总比活着做囚徒好些。

到这里，教师不由自主地哽咽了，泪水漫了上来。一种前所未有的温柔裹着一种前所未有的刚毅，或者说，一种前所未有的刚毅牵引着一种前所未有的温柔，在教师心中升腾起来、站立起来。教师不敢想象，最爱孩子的母亲，从宝宝作为一枚小小鸟蛋悄然落窝的那一天起，就无微不至地呵护着宝宝的母亲，如何隔着囚笼，看着最疼最爱的宝宝，满脸天真、满腔信任地一口一口吃进自己喂下的足以致死的毒梅。安静，依然是安静。这时的安静里，充盈着庄严、肃穆、圣洁、刚毅，还有温柔，一种奇特、凛然又炽烈——刚性的温柔。很多孩子也哽咽了，很多泪眼在闪烁。

这话犹如雷鸣似的给我巨大的震动，我好像一下长大了。原来这小小的生物对自由的理解竟是这样的深刻。从此，我再也不把任何活物关进鸟笼，一直到现在，我的孩子也是这样。

二、唯其没有结论，所以才有意义

"老师，这篇文章我读过。可是今天听老师读，感觉很不一样。"晏楚芸第一个发言。

"有什么不一样？"

"嗯，那时候是有一些感动。可是今天，今天是震动。"

"震动！今天是震动！默读的感觉是感动，朗读的感觉是震动。说得真好啊！"教师兴奋起来，"朗读和默读确实是不一样的。真正的美文，是值得我们、需要我们反复地动情地朗读的。因为,默读带来的是感动,而朗读带来的——"

"是震动!"全班人一起回答。

"理解画眉妈妈的做法吗?"

"理解!"很多人抢着回答,"因为她坚信,孩子死了也比活着做囚徒好!""鸟儿的家应当是在树林里,鸟儿的歌声也应当属于树林。""离开了树林,鸟儿不可能得到真正的幸福。"

"老师,我反对画眉妈妈的做法。我觉得,活着就有获得自由的希望。如果死了,连生命都没有了,还谈什么得到自由呢?"高岩松说。

"我反对高岩松的反对!"朱翔宇站起来,"其实,正是老画眉的做法震动了小男孩,让小男孩以后再也不捉任何活物来养了,而且他的孩子也一样。这样就让很多小动物获得了自由。"

"朱翔宇,你相信大画眉毒死小画眉是为了感动小男孩,教育小男孩吗?"教师问。

"当然不是!"朱翔宇朗声答道,"大画眉可没有想这么多,它就是认为自由是最重要的。它宁可孩子死了,也不愿孩子活在鸟笼里,为抓住它的人唱歌。"

"哦,在有些高贵的生物看来,自由是比活着更重要的。

结束作为囚徒的生命,其实是一种彻底的解放。同学们,你们有没有受到震动?"

"受到了。""我以后再也不捉小麻雀来玩、来养了。""还有蝴蝶。""还有蜻蜓。""还有小蝌蚪。"

"孩子知道妈妈喂的是致死的毒梅吗?"教师问全班。

"不知道。"

"那孩子为什么吃?"

"孩子相信妈妈。妈妈一直爱孩子。"

"如果知道那是毒梅,孩子还会吃吗?"

"不会。因为它已经承认新家了。它已经忘记自由了。"

"如果被捉的是大画眉,她会怎么样?"

"绝食!大画眉会绝食而死!"

"当大画眉毒死孩子的时候,她还爱自己的孩子吗?"

"爱。因为她坚信孩子死了也比做囚徒好。"

"妈妈爱孩子。可是当孩子承认新家,并且为捉住自己的人唱歌的时候,小画眉还是不是真正的美洲画眉了?"

"已经不是了。"

"有什么办法让孩子永远是真正的美洲画眉,真正的只为自由而活的生物?"

"喂它毒梅子!""亲自毒死它!"

"就算永远得不到自由,也比死了好!"鲍秉轩勇敢地站起来,"我认为,活着才是最重要的。"

"我也反对画眉妈妈。如果我是画眉妈妈,我不会喂孩子吃毒梅子。"从不主动发言的刘月辰大声说。

"你们呢?"

刚才还是异口同声,现在下面又起了一片议论——争论。这就对啦。讨论就这样结束了,没有结论也不应当有结论的结束。

最后,教师又把文章从头到尾读了一遍。

现在想来,还有一个问题值得讨论,那就是:"大画眉有没有权利结束小画眉的生命?"虽然这对于大画眉没有任何意义。画眉母亲这样做,完全出于天性——即便是在野生动物界也是极为罕见的、骄傲的、高贵的野性。

当然,那场讨论也将是没有结论的。唯其没有结论,所以才有意义——对我们有意义。

11月19日 / 星期一　晴

不知不觉

早自习,张悦媛、鲍秉轩、李欣会分别就意大利万巴的《捣蛋鬼日记》、美国乔治·塞尔登的《塔克的郊外》和短文《你能应付得了》做阅读汇报。朱翔宇因故请假,没来上学。

"《捣蛋鬼日记》?听了这个书名,你可不要以为这是一本专门教人捣蛋作乱的坏书哦。这本书记录了九岁男孩加尼诺所有的捣蛋经历,每个人都可以在这里找到童年的快乐和委屈,在笑过以后回味其中的深刻含义,从而获得教益。"

"朋友,你想知道小动物们究竟用什么办法拯救家园、保护大草原吗?那请和我一起读《塔克的郊外》吧!它是《时代广场的蟋蟀》的姊妹作。"

故事情节概述、精彩片段朗读、个人体会表述——还有颇吊胃口的悬念设置。读的人娓娓道来,眉飞色舞;听的人津津有味,垂涎三尺。这是展示,这是汲取,这也是围绕美好事物的团体之舞、心灵之舞。身边的榜样是裹挟和引领孩子上升的最温馨、最强劲、最不知不觉的力量。唯其不知不觉,所以温馨强劲。

不知不觉中,孩子们对于读后感的写作已经越来越顺手,越来越老到了。这不是教师教的,这是他们于不知不觉中自己学会写、相互教会的。"太上不知有之"啊,"百姓皆谓'我自然'"啊,作为教师,无为垂拱的快乐,言语难及。

不知不觉获得内在的生长力、不知不觉具备一定的教育学素养、不知不觉和孩子一起趋近"我自然"之妙境的,还有这些孩子的母亲。今天听到的《捣蛋鬼日记》《塔克的郊外》,此前听到的《男生日记》《小飞人卡尔松》《汤姆叔叔的小屋》《时代广场的蟋蟀》(晏楚芸汇报于周四读书课上)……并非借自班级,而是孩子自己的书。阅读的阶梯就是成长的阶梯,为孩子鉴别图书的能力就是教育的能力。教师一直认为:无论借阅的资源如何丰富,父母也一定要让孩子拥有自己的私人藏书。这是恒久纯净的精神泉源,这是恒久温馨的精神家园。这泉源及家园,属于孩子,也属于父母。

自看云接触亲近母语以来,四(2)班很多家长——尤其是母亲,都在不知不觉中变成了自觉的儿童阅读推广人。出于一种发自内心的喜爱和冲动,在车间、在办公室、在汽车上、在亲友家里,她们不遗余力地说着绘本、儿童文学、

《日有所诵》,还有"我们班的阅读日志"。一个带一个,她们越来越多地学会了网上购书。那些回应心灵的激荡从而进入家庭、进入教室——从而一波接一波、一层推一层掀起明丽的心灵之波的好书,极大地丰富和拓展了孩子们的阅读生活、精神疆域。

鲍秉轩的妈妈项兴萍就是其中之一。两年来,项师傅每周都写两篇教育日记,其中很多都是读书心得、亲子共读心得。

"这可是你们家的传家宝啊!鲍秉轩,你知道自己有多幸福吗?"周四,给母亲打上"200"分后,教师情不自禁地对孩子说。"嗯!我知道!"男孩使劲地点头,白胖的肉脸,因为一圈羡慕的照耀,微微泛起了红晕。

鲍秉轩当然是知道的,因为这孩子的日记里,最多洋溢着的,就是这种书香的气息、幸福的气息。不信你读这一篇:

蝙　蝠

今天晚上,我们家不知怎么飞进几只蝙蝠,那时我们已经睡下了。妈妈被不明的声音吵醒,打开灯才发现有两个黑影在天花板上乱飞。爸爸不在家,妈妈特别害怕,迫不得已把我也叫醒了。

"什么,蝙蝠?家里怎么会有蝙蝠?"我一下子就被这个消息给吓坏了。这时，一只蝙蝠飞过电子琴落在写字台上。我仔细一看，这只蝙蝠全身漆黑，一对干而硬的翅膀上有个小爪子，黑亮的小眼睛，不过它好像看不见，横冲直撞。还有一只躲在窗帘里，我用一把木剑来拨窗帘，蝙蝠一下子飞出来把我吓一大跳。我对妈妈说："蝙蝠不伤人，它吃蚊子等东西。让它们在家待着，等它们把我们家的蚊子全消灭后，它们自然会飞走的。"

我还知道一些蝙蝠的小知识：有些蝙蝠的飞行速度可达每小时 50 千米。它们能在 1 秒钟内捕捉和分辨 250 组回音。有的还会钓鱼，墨西哥兔唇蝠一个晚上能捕 30 多条小鱼。一只 20 克的食虫性蝙蝠一年能吃掉 18 至 36 千克虫。并且，人们发明的雷达就是靠蝙蝠的回声定位系统才问世的。

不管怎么样，它们还是应该飞走的。看着在家里飞来扑去、恋恋不舍的蝙蝠，我和妈妈都没办法了，只有把它关进内阳台里，等爸爸回来再说。

爸爸终于回来了，三下五除二就把蝙蝠从窗子赶了出去。还是爸爸厉害，我长大以后也要当个顶天立地的男子汉。

11月21日 / 星期三 晴

这就是我的作文指导

习作五,"_____的自述"。

先请一位朗读水平上乘的同学朗读范文之一《小闹钟的自述》。正确、流利、自豪、响亮,这种未经预习的完满新鲜的朗读,所激起的是新鲜的聆听、新鲜的羡慕、新鲜的汲取、新鲜的学习。也许,它比嗡嗡一片的齐读更入心、更有效。

朗读之后,教师口述《粉笔盒的自述》:"我是一个木制的粉笔盒,我是四(2)班的粉笔盒。我的板壁约一厘米厚,我的身材匀称结实。四(2)班是我的家,我是五颜六色的粉笔的家……"

因为说的是教室的东西,教室里的事情——围绕粉笔盒发生的事情,所以孩子们听得很入神。说到"周复一周,月复一月,我的房子空了又满,满了又空,同学们的知识也在渐渐增长",他们个个喜笑颜开;说到"也有一些孩子,爱画爱写,却不知道怜惜我的粉笔娃娃,用完之后把它们丢得满地都是,踩得粉身碎骨。有的甚至把我的孩子当作子弹,在教室里打粉笔仗,那时候我真是又心痛又气愤啊。"责备的目光一齐投向几个人,几个人惭愧地低下头。

"老师的作文精彩吗?"

"精彩!"

"原因在哪里?秘诀是什么?"这才是真正的问题所在,前问不过是个引子。

"'我是一个木制的粉笔盒,我是四(2)班的粉笔盒。'因为是四(2)班的粉笔盒,就有很多事情可以说了,文章就可以写具体了。"

"对啊!因为是四(2)班的粉笔盒,就有很多事情可以说了。这样一来,就把枯燥乏味的说明变成有声有色的记叙了。当然,老师始终必须记得的是,这是谁在说话?"

"粉笔盒!"

"叙事尽管可以千姿百态,但有一项内容是必不可少的,那就是——"

"粉笔盒的制作材料,还有它的形状、颜色和作用。"

"五分钟时间!就你手边的东西,就这教室里的物件,口述一篇文章。什么什么的自述!"

"黑板的自述。我是一块绿色的黑板,我住在四(2)

班的墙壁上。我的样子是长方形的……"

"笔袋的自述。我是一个普通的笔袋,我是姚剑强的笔袋。我的样子很平常,还有点脏有点旧。我是淡蓝色的,我喜欢我的小主人……"

"日光灯的自述。我是一盏日光灯,我有一双细长的眼睛,终年穿一件铁制的薄外套,外套很合身。我住在四(2)班的天花板上,每天清晨,教室门一开,我就迫不及待地睁开眼睛。我很爱这群学生,我也喜欢和他们一起听课、听故事、听音乐……"

五分钟后,朗读范文之二《小溪流的自述》,然后教师口述《篮球架的自述》,一语方出,几个调皮鬼站起来朝外面伸头,教师视而不见自顾自接着往下说,"我是62中学的一个篮球架,我的样子很普通。现在,正是早晨第一节课的时间,整个校园静悄悄的。灿烂的阳光温暖地照耀着空旷的球场,我静静地站在这里,眺望着对面的教学大楼。除了四(2)班那几个听课喜欢分心的学生,全校几乎没有一个学生在意我的存在,因为大家都在专心学习。可是一到放学,我的身边就变得热闹非凡了!"

"嘿嘿!"男孩们先笑了,然后女孩子也笑了——然后他们接着听,然后他们在教师的声音中清清楚楚地看见:放学了,大大小小的男孩们聚到篮球架下,争球、运球、灌篮、封盖，一个个生龙活虎。

"老师的作文精彩吗？"

"精彩！"

"原因在哪里？秘诀是什么？"这是关键问题的反复强调，这是面对全班的教学必需。

"这是62中的篮球架！""老师让篮球架开口说话，讲同学们的学习和锻炼，这样文章就具体生动了。"

"然而，再怎么生动具体，再怎么有姿有态，老师也不能忘记一项必不可少的内容，那是什么？"

"篮球架的样子、颜色和作用。""写同学们打球，就是写篮球架的作用。"

"五分钟时间！把目光投向远处——教室以外，或者校园以外，任选一物一景，为它写自述。"

"桂花树的自述……"

"乒乓球台的自述……"

"花坛的自述……"

"路灯的自述……"

以上是第一节课的后半节——充分地听，充分地说。

第二节，先发作文本，再给五分钟时间，学生从自己说过的两篇里选择更有把握的一篇，以"更生动、更精彩"为目的再说一遍。然后教师选择两个作文水平较高的孩子口述,然后各自动笔——不打草稿,直接写。

半个小时过去,作文陆续完成。完成了的,自己检查过了,就把本子翻开,埋头看书。教师呢,看见谁在看书,就去检查谁的作文。观其大略,扫描而已。当下课铃声响起的时候,已经全部完工,全部检查结束。

今天,没有一个孩子因为质量太差返工。

当然不少孩子写的是从教师和同学那里听来的《粉笔盒的自述》《篮球架的自述》《日光灯的自述》《桂花树的自述》。这也很好啊。对于他们来说,这种复述性质的写作,是绕不过去的学习阶段;对于他们来说,能够复述出来,就是具体真实的成长。

充分说,充分听;教师下水,学生随行——这就是我的作文指导。

附:

小老鼠的自述

张悦媛

我是一只白色的小老鼠,我全身都是白的,我的绒毛摸起来非常舒服。我的胡子并不长,眼睛像红宝石一样，朋友们都说我长得像兔子。我的名字叫小白，我一天吃的东西并不多，三粒米饭、一点菜叶和一点牛奶。

人们都说我们老鼠坏，其实我们并不坏，有时我们只是肚子饿了，想吃一点东西；有时我们太累了，在一个非常脏的人家里歇息。

我们老鼠怕人和猫。我经历过两件这样的事情。第一件事情是：有一天，我上楼时看见了人，那人想抓我，我赶紧跑了，从此，我再也没有上过楼了。第二件事情是：我为了和朋友吹牛，跑到了猫的嘴里，差点给猫吃了，还好我跑得快，赶紧逃走了。

做老鼠真倒霉啊！

11月23日 / 星期五 　晴

震动激起行动

第五单元测验情况汇总：

95—99 分，19 人；

90—94 分，23 人；

80—89 分，19 人；

70—79 分，2 人；

60—69 分，1 人。

这是四年级以来最好的成绩，几乎每个孩子都值得表扬。卷子还是难度较大的"发展卷"，考分能够如此之高，功劳应当归于上周三一直开到傍晚六点的家长会，归于家长——归于那些在明亮的灯光下，用明亮的声音回应教师召唤的爸爸妈妈。

说什么孩子好拿教师的话当圣旨，说什么孩子敬畏教师胜过害怕父母——无数无数次了，我们看到的比铁还坚硬的事实乃是：父母加大力度，孩子立马进步。

第四题为成语填空。"一叶知秋""昙花一现""瓜熟蒂落""藕断丝连"之类都是教材上从来没有出现的，可是即便是那基本不会的，当教师发问的时候，他也条件反射似的给出响亮的答案。

"题目超范围了吗？"

"没有！只要多读书，词汇就丰富！"

"明明见过的，可我记不住！这是丢分的理由吗？"

"不是！"

"为什么？"

"下画线，读三遍，动笔写，说和演。"

"明明知道的，可我写不出！这是丢分的理由吗？"

"不是！"

"为什么？"

"下画线，读三遍，动笔写，说和演。"

类似的情形，家长会上也曾上演。

"我们的口号是——"指着事先写好的板书，教师大声问。

"稳打稳进，戒浮戒躁！"

"四年级是关键期。针对四年级的年级特征，教师已经提出明确要求，今后我们怎么做？"

"正心诚意，敬师信道！"齐刷刷地抬头看着板书，齐刷刷地放声回答，然后是齐刷刷地低头记录。这就是我们家长会的尾声，很有气势、很富煽动性呢。哪怕收获只有这一次的考试成绩，也算教师没有白准备一次、白激昂一回了。

"书读得不少，可是一到考试，一到作文，就没词儿了，就抓耳挠腮了！如何才能克服嘴强笔弱的缺陷，让入眼的东西也能入脑，记住并且转化为能力呢？"只有教师说话的家长会，再怎么精彩也是沉闷压抑的。想办法，教师也要让他们开口说话——哪怕是齐读板书呢。

"……"面对黑板上的"12字口诀"，不知道的语塞了，知道的呢，大约因为不好意思，也不出声了。板书写了那么多，偏偏不写至关重要的"12字口诀"，教师是故意这样做的。

"我们的口诀是什么？回去问问你孩子！如果他竟然不知道，好好把他整一顿！'下画线，读三遍，动笔写，说和演。'先把这个习惯养成了，然后才能谈其他。只要这个习惯养成了，其他的必定源源而来。'下画线，读三遍，动笔写，说和演'；不动笔墨不读书，这应当成为每个学生的自动化读书程序，这也应当成为在座每一位的家规！家庭应当渗透着有力的学习道德规范，优异的成绩永远属于对自己、对生活抱有高度责任心的人。"

"为什么不是'戒骄戒躁'呢？"第一次开口，第一次念到"戒浮戒躁"，很多家长都笑了，教师也笑了，"因为我们——教师、各位以及我们的宝贝们，实在没有什么值得骄傲的！我们有的只是浮躁！浮躁不戒，后患无穷！四年级了，要想取得稳定的佳绩，缺一不可的三条是什么？"

"广博、灵活、扎实！"

64位父母异口同声的时候，那巨响的本身，就是对心灵的强烈震动。震动之后，或久或短，总激起一些行动。

今天的成绩，就是小小的证明。

将来呢？将来再想将来的法儿吧，且让我高兴这一回。如今的高兴，是多么地稀缺啊！我们玫瑰说了："高兴多好啊！管它以后呢！高兴没有白高兴的，不高兴白不高兴。"

11月27日 / 星期二 ☀ 晴

静 默

一、昨天

林海音的《迟到》真好!

"最喜欢哪一段?说出理由来,老师就为你再读一遍。"第一遍读过,教师说。文章内容比较简单,似乎不必组织讨论。白色朗读嘛,所谓"白色",既有"重读"的意思,也有"只读"的意思。最养胃的总是白粥。很多时候,静静地听,专心地读,要比散散拉拉地讨论更实在。

"爸把我从床头打到床尾……""我坐在放下雨篷的洋车里,一边抽抽搭搭地哭着,一边撩起裤脚来检查我的伤痕。""老师教我们先静默再读书……""爸没说什么,打开了手中的包袱,拿出来的是我的花夹袄。"

学生发言之后,教师重读四段。就在这重读的过程中,教师突然觉得有话要说——为什么不能将自己喜欢的段落拿出来和学生分享呢？

"知道让老师最感动的是哪一段吗？"

"不知道。"

"老师教我们先静默再读书，坐直身子，手背在身后，闭上眼睛，静静地想五分钟。"教师的目光回到了书页，不约而同地，学生都坐直身子，把手背在身后，闭上眼睛。于是他们听见，教师用了极轻的声音，代他们扪心自问："想想看，你是不是听爸妈和老师的话？昨天留的功课有没有做好？今天功课全带来了吗？早晨跟爸妈有礼貌地道别了吗？……"

"Yes！""Yes！""Yes！"教师一次次地问，学生一次次地答。随着这轻柔默契的应答，教室里的空气泛起了温暖的涟漪。此时此际，看云和文中的老师，学生和林海音，真的融为一体了。

"我听到这儿，鼻子不禁抽搭了一大下，幸好我的眼睛是闭着的，泪不至于流出来。"

过了片刻，孩子们才睁开眼睛。可见"静默"已经进入了他们身心。

"静默的时候，林海音为什么哭了？"教师依然用了很轻的声音问。

"她想起上学的时候,还没有和爸妈礼貌地道别呢。""她想自己逃学惹爸爸生气是不对的。""林海音觉得自己好可怜。""是啊,才一年级的小孩子,就挨那么重的打。""而且还是女孩子!"

"爸爸为什么追到学校来?仅仅是为了送夹袄吗?"讨论,还是发生了。

"爸爸心疼了,他觉得非要见到女儿不可。""爸爸后悔打得太重了。""大人都是这样,打过孩子就后悔。"

"问!"教师的声音突然提高,"每当父母训斥或者打你们的时候,痛苦的、难过的仅仅是孩子吗?"

"不是。""爸妈感觉打在孩子身上,疼在自己心上。""爸妈不想打,可又非打不可。""爸妈心中充满了失望、愤怒。""还有心疼!"

"我们要怎样,才能让自己、父母还有老师都避免痛苦,都拥有好心情、好感觉呢?"

"好好学习!""遵守纪律!""团结友爱!""听爸妈、老师的话!"

一片积极踊跃的发言中,教师又端起书本,孩子又齐齐坐直身体,闭上眼睛——体验静默。

二、今天

早自习,正准备补写昨天的日志,就有学生来报:"老师,昨天布置的《基础训练》,好多人没有按时完成,正在教室里赶呢。"

四年级起,突然发现学生能够独立完成《基础训练》了。字词抄过,他们就掏出《基础训练》来做,拦都拦不住。于是索性定下惯例:字词写过,就独自完成《基础训练》,下一节课集体订正。当然,下一节必定是在第二天或者隔了一个中午。

第一节就是语文。"请大家闭上眼睛。"仿佛心有灵犀,学生一下就进入状态。一片安静中,教师轻声说:"想想看,你是不是听爸妈和老师的话?昨天留的功课有没有做好?今天功课全带来了吗?早晨跟爸妈有礼貌地道别了吗?"如此这般,教师一连说了两遍。不知道为什么,今天没人出声,他们只是默默地点头。静默,原本就该是这样的啊。

等所有人都睁开眼睛,教师突然变了调子:"语文《基础训练》没有按时完成,早晨到学校来补的,请站起来!"

施俊瑞、施淑静、鲍秉轩、邢虎威、王圆圆、高陈、王涛——站起来的共有七位。"你们七个,抄写《诚实与信任》全文,上午抄完再回家!"往常只抄一段,今天的惩罚格外严厉。居然有七个,我能不火吗?

七个小家伙沮丧地坐下了。

"我很难过。"教师缓慢而低沉地说,"今天是星期二,现在是上午第一节课。原本我是备好了课,兴冲冲要带你们来一场课堂讨论的。可现在……老师为什么难过?"

"老师很失望。""昨天上午的作业,有一个中午、一个晚上那么长的时间我们都不做,偏偏今天到教室来补。""作业其实很少,五分钟就可以做完的。""老师昨天刚刚给我们读过《迟到》,今天我们就拖拉作业,老师当然难过。""老师的朗读,还有老师带我们做的静默,我们都当成游戏了!一点都没有受到教育!"

发言很踊跃也很动情。然而,一口一个"我们",起劲反省的偏偏没有一个"肇事者"。那七个家伙,难道是铁石心肠?不行,我非让他们开口不可!

"如果你是老师,以后的星期一,你还会朗读吗?"

"不会了!"施淑静哭了,原来沉默并非麻木,"因为我们让朗读变成游戏,我们没有受到教育。"

"不会了!"邢虎威跟着站起来,他一站起来就落泪了。也难怪,朗读课上,邢虎威一向发言积极,他是多么喜欢朗读课啊!"昨天刚刚朗读过《迟到》,我们就不按时完成作业,这对老师的打击太大了。"

"你们以为呢？老师以后还会不会再为你们朗读了？"教师转向大家。

"不会了！"

哦，原来他们如此低估了他们老师的心理素质，如此小看了他们老师的抗打击能力。看来，教师还得自己找个台阶下。

"你们喜欢朗读课吗？"

"喜欢！"异口同声的回答里透着悲伤和无奈。

"劝劝老师吧，让老师回心转意。"

"老师，你不该不读的！"晏楚芸第一个发言——其实是发难，"你如果不读，他们就觉得自己真是坏孩子，就再也没有改正缺点的信心了。你该相信他们，给他们机会。"

"老师，你不能不读，"黄云飞站起来，神情有些激动，"就算他们是屡教不改的，你也不该因为他们七个放弃了对我们的喜欢！毕竟还是按时完成作业的孩子多。"

"老师，我希望你读。"鲍秉轩眼泪汪汪地说，"我保证以后绝不拖拉作业了！请您相信我！"

"高陈，你有什么要说的？"高陈是我最喜欢的男生之一，今天的事情居然有他！特意点高陈的名，不为别的，是为了给他一个发言的机会。这家伙从不主动发言。

"我……我对不起老师，对不起大家！"憨憨的男孩说着说着也哭了。好几个孩子也跟着抹眼泪。

"好吧，我相信你们！"教师这叫见好就收。

三、比规矩更重要的

我当然会一直读下去。

明天还会有人拖欠作业，明天还会有人受到惩罚。我怎么可能期待"从今以后"的奇迹能够发生？制定班规，对于违规者实施惩罚，乃是班主任的日常工作。

没有惩罚的教育大多是缺钙的教育，没有权威的班主任大多是软弱无能的班主任。然而，如果没有学生对教师的情感认同和理智信服作为前提，一切的规矩和惩罚最终只能带来冲突和对立。而所谓权威的获得，从来不是来自清规戒律、凶神恶煞，只能来自在日常的教学和教育生活中一点一滴培养起来的学生对于教师的爱戴之情、敬畏之心。

教师需要反省的是：不该因为生气而随意加大惩罚力度。这本身就是对班规的破坏，以后一定注意。可是今天，罚了也就罚了。学生也须学会体谅和接纳教师偶然的情绪化。

11月28日 / 星期三 晴

鸭塘问答

早自习,教师朗读,班级讨论。第一节,教师再读,继续讨论。然后才是学生朗读,然后……然后就下课了。很少有一篇课文能够如此激发我们的讨论热情,它就是冯骥才的《珍珠鸟》。

不仅一问激起众多抢答,而且教师也是想到哪问到哪,若干问题往往问了又问。虽然总体过程也是由浅入深,层层推进,但教学实况无论如何也不会像文字呈现的那样层次清晰;学生原话无论如何也不会如日志记录的那样文从字顺。今天的课堂,热闹有如鸭塘。

以下是记忆自动加工润饰过的讨论纪要。我的课堂教学实录,从来不是物理意义上的真实,而是心理意义上的真实。几乎是强迫性和无意识的——富有文采的心灵,能够命令大脑围绕句意,对原本杂芜零乱的语言做自动加工润饰。我以为,如果不具备这种自动整理润饰的机能,大脑就完全不能做语义记忆。

物理意义上的实录，在我这里只能取自录音录像。然而，没有了现场的温度、气氛的录音图像，有如脱水的干花——那还是实录吗？还有，如果教学实况是文字呈现的这样层次清晰，如果学生原话是日志记录的这样文从字顺。那样的课堂，是令人窒息的，完全丧失了生机。我爱我的鸭子塘，我喜欢这群小鸭子。当然，我自己就是一个鸭妈妈。

未署名的回答，多为众答、抢答。

1. 为什么雏儿信赖作者？

原因有两个方面。一是作者对鸟儿一家关照得很好，不伤害也不惊吓它们；一是雏儿就出生在吊兰蒙盖的鸟笼里，它对真正的丛林以及人类捕捉鸟儿的情形完全没有记忆。雏儿以为这儿就是自己的家了，作者就是自己的哥哥。

2. 文章主要笔墨都是在写小珍珠鸟，大鸟很少写到，为什么？

小鸟亲近作者，给作者带来很大的快乐，作者更喜欢小鸟，所以更多写小鸟。而大鸟从不和人亲近，所以作者喜欢大鸟不如小鸟，也很少写它们。

3. 作者给了小鸟完全的自由，小鸟在试探的过程中胆子越来越大，活动范围也越来越大。试问：当它能够飞出房子，想要飞离房子的时候,作者会放走小鸟吗?

邢虎威:不会。"真好!朋友送我一对珍珠鸟。"这一句开头就证明作者很喜欢珍珠鸟,他是绝对舍不得放走小鸟的。

李旭冉:不会。作者也许是一个没有孩子的大人,他很孤独,所以他把小鸟当成孩子来养,小鸟为他驱赶了孤独,他舍不得小鸟飞走。

项文静:作者和小鸟日久生情,自然不愿意小鸟离开自己。

4.作者和珍珠鸟是什么关系?

朱翔宇:朋友。

李智炫:父母和儿子。

朱翔宇:都错了!都不是!是主人和宠物的关系,作者其实是把珍珠鸟的一家当作玩物来养的。因为没有人可以因为自己的需要就限制朋友的自由,限制孩子的自由。那不叫友谊,也不叫爱。

5.作者是一个怎样的人?

鲍秉轩:养鸟人中的最善良的人。

6.回忆《一件小事的震动》,比较两篇文章里的大鸟和小鸟,各有什么相同和不同?

朱翔宇:小鸟都是容易驯养、容易信任人类的。小画眉最终为小主人演奏，小珍珠鸟最终在主人的肩头睡着了。大鸟都怀念丛林里的自由生活，所以都不肯信任人类，不肯亲近人类。所不同的是，画眉宁可孩子死了也不要做囚徒，而大珍珠鸟，宁可做囚徒，也决不讨好主人，亲近人类。

7. 看着孩子和人类那么亲近，珍珠鸟父母是什么感觉？

悲伤，无奈，同时觉得欣慰。毕竟作者是养鸟人中的最善良的人。毕竟作者给了小鸟一个自由幸福的童年。

8. 你会用什么样的感情去读这篇文章？

郭乐：又喜又悲。喜是因为作者的感觉是喜悦的，他陶醉在小鸟带来的快乐中，他觉得自己是世界上最善良的好人。悲是因为作者的快乐其实是建立在大鸟的悲哀和小鸟的幼稚的基础上的。

9. 文章结尾有什么问题？

韩玉玚："看着这可爱的小家伙，我不由自主地发出了一声呼唤：信赖，不就能创造出美好的境界吗？"这不合情理。作者为了不惊到小鸟，连笔都舍不得动，怎么可能发出呼唤呢？这样的一惊一乍，太滑稽、太可笑了！

10. 这是编者改动的结果。原文结尾是"我笔尖一动，流泻下一时的感受：信赖，往往创造出美好的境界。"听了这个结尾，你有什么想法？

晏楚芸：我要找来原文看！

11. 怎样帮助编者修改文章结尾？试用最经济的办法。

李欣会："看着这可爱的小家伙，我不由自主地在内心发出了一声呼唤：信赖，不就能创造出美好的境界吗？"

附课文：

珍 珠 鸟

真好！朋友送我一对珍珠鸟。我把这对鸟儿放在一个用竹条编成的笼子里。笼子里还有一卷干草，那是小鸟舒适而又温暖的巢。

我把它挂在窗前。一盆吊兰的垂蔓蒙盖在鸟笼上，珍珠鸟就像躲进幽深的丛林一样安全。

三个月后，那愈发繁茂的绿蔓里边，发出一种尖细又娇嫩的鸣叫。我猜到，是它们有了雏儿。过不多久，忽然有一个小脑袋从叶间探出来。拨开绿蔓一看，正是这个小家伙！瞧，多么像它的母亲：红嘴红脚，灰蓝色的毛，只是后背还没有生出珍珠似的白点；它好肥，整个身子好像一个蓬松的球儿。

起先，这小家伙只在笼子四周活动，随后就在屋里飞来飞去，一会儿落在柜顶上，一会儿神气十足地站在书架上，一会儿把灯绳撞得来回晃动。渐渐它胆子大了，竟然落到了我的小桌上。它先是离我较远，见我不去伤害它，便一点点挨近，然后蹦到我的杯子上，俯下头来喝茶，再偏过脸瞧瞧我的反应。后来，它完全放心了，索性用那小红嘴，"嗒嗒"啄着我正在写字的笔尖，我用手抚一抚它细腻的绒毛，它也不怕，反而友好地啄两下我的手指。

白天，它淘气地陪伴我；傍晚，它就在父母的再三呼唤声中，飞到笼子边，扭动滚圆的身子，挤开那绿叶钻进去。

有一天，我伏案写作时，它居然落到我的肩上。我手中的笔不觉停了，生怕惊跑它。不一会儿，这小家伙竟趴在我的肩上睡着了。它睡得好熟哇！不停地呷嘴，大概在做梦呢！

看着这可爱的小家伙，我不由自主地发出了一声呼唤：信赖，不就能创造出美好的境界吗？

12月 一旦飞翔，
December 永远飞翔

12月3日 / 星期一 ☀ 晴

编辑童话

  早自习，高陈、李玉雯、李旭冉、方子妍分别就《中华五千年》《神奇校车》《小黑鱼》《诚信故事200篇》做读书汇报。

  对教师来说，将学生日记编辑铺衍成自己的工作日志，是一件轻松愉快的事。无须额外说明，"写书"的来龙去脉，郭乐自己已经讲得清清楚楚。

写　书

  早上，阳光已经把我的屁股"拍"热了，我还眯着眼睛想接着睡，刚闭上眼，耳边就回响起了妈妈出门前的劝告：快点起床，起来看看书或写写字。

我不耐烦地爬起床，没什么事干，想起了一个好点子：写书。我为什么想起来写书呢？因为受到薛老师的启发，我们薛老师写了好几本书哩！

我拿好纸和笔，做好了心理准备：书的名字叫什么呢？我看的书中，我最喜欢探险类和童话类的，那……名字就叫"三个小伙伴去探险"吧！我的脑海里突然闪出了这几个字，便埋头写出了书的名字和作者。平时我看的书中都会先出现"序言"，我应该先把序言写好才对。我的灵感现身了，想好了这整本书的内容，就低下头写出了序。接下来可就麻烦了，要把故事一个一个写下来，这就要看我以后的努力了。

这是我的序言：

这本书讲的是三个小伙伴因和妈妈发生争吵而离家出走的故事。老大——大胖带头，跟着二胖也走出家门，最后小胖也跟着哥哥们一起走了……

他们白天玩得很开心，到了晚上就觉得害怕和恐怖了，因为四周被黑暗笼罩着。路上他们遇见了马戏团，并被收进了马戏团。为了逃避马戏团魔鬼般的训练，他们费了九牛二虎之力又逃了出来。他们路过许多陌生的地方，觉得外面的世界很精彩。当然也发生了很多稀奇古怪的事情，还碰见了他们在电视里才能看到的明星偶像……

有一天他们终于玩累了，便想念起家人、同学和老师，可又不知道回家的路。有一位好心的老爷爷把他们接到家里，询问一番后知道了三个小朋友的住处，好不容易把他们送回家去。焦急的妈妈看到孩子们平安回家，一下抱住孩子们痛哭流涕。孩子们连连向妈妈诚恳地认错，妈妈看到孩子们认识了自己的错误，脸上露出会心的微笑，全家人又过上了幸福的生活。那位好心的爷爷也为他们全家感到开心。

写书的乐趣

还记得我上次写的书吗？就是《三个小伙伴去探险》呀。

有些同学知道我写了书后，非常吃惊。方子妍知道后，一路上叫着："大新闻！大新闻！郭乐写书了哟！"我看同学们都那么开心、吃惊，我想：薛老师一定会更吃惊的。我一路上小跑着，一直跑到了薛老师的办公室门口才停下了脚步，弯下腰，敲了敲门，喊道："报告！""请进！"老师笑着说。由于薛老师和四（1）班的严老师正在谈借课本的事，我就变成了旁观的热心观众。最终，薛老师问我："你有什么事吗？""嗯，我最近写了一本书,希望我写完后,您能帮我修改修改。"我说完后,办公室里的老师们那严肃的表情都变成了一脸惊讶,那么多双眼睛都盯着我,我还真有点儿紧张。不过,这个气氛只持续了一会儿,老师们又惊喜地望着我,说:"啊!真的!快给我们看一看!""我没带来。"老师们似乎有一些失望,说:"那你下午再带来吧。""好的。"

下午,我的书包里又多了一个黄色的小本子。一到教室,放下书包,我就像箭一样冲出教室,来到薛老师的办公室前。边说"报告"边走进了办公室,拿起我手中的本子,说:"老师您看!这就是我上午所说的我写的书。"薛老师接过书,正好翻到我画了画的那一页,我说:"这就是故事里所说的大胖、二胖和小胖。"老师看了哈哈大笑:"这真像郭乐呀!看!"我那红扑扑的脸蛋微微笑了笑,老师看了后,说:"你们那一组星期四读日记,你就把你的这个杰作读给大家听,好吗?"我兴奋地说:"好!"

回到家,我又继续我的创作。

记得那天教师笑道:"老师知道为什么是三个小伙伴!你、方子妍、方子裕整天形影不离,不就是三个小伙伴吗?"

"嘿嘿!"郭乐乐了。

书写得好不好，是否能够完工，这些都不重要。重要的是孩子对于写作，甚至写书——怀抱一份信心满满的热爱。这份信心满满的热爱，必将激发更为高涨持久的阅读热情；这份对于阅读和写作的热爱，是属于全班并且可以在教室里弥漫、升温的。李智炫的反应就是证明。

我的同学出书了

这一周的星期四，我们有一堂读书课，老师教完了"3+2"，就让我们听第四组的日记汇报。今天有两个人上台读日记汇报，第一个是郭乐，第二个是李欣会。郭乐的读书汇报最精彩，她那篇日记的题目叫《写书的乐趣》，我听到这个题目很吃惊，觉得郭乐很厉害。

下课了，我们到郭乐的位子上，都说："郭乐，把你写的书拿出来看看。"郭乐拿了出来，我们都抢着看，因为人太多，我被挤到了一边，只好趴到李旭冉的背上看，终于看到了一点点。我看到了三个主人公：大胖、二胖、三胖，画得好像她自己。郭乐自己写书，自己画画，实在是太精彩了。

以后我也要出书，出一些好玩、有趣的书，给同学们浏览。

12月6日 / 星期四 ☁ 阴

男孩就是男孩

早晨,由中门进入校园,然后穿过操场去传达室签到。

"薛老师好!""薛老师好!"一连串的呼唤响起,同时听见"嘭嘭"的击球声,那是叶少华、李智炫、高陈一伙在玩篮球。初冬的早晨,天气阴郁而寒冷,可是男孩那腾跳的身姿、灿烂的笑容却让整个校园一下变得晴朗和充满活力。

相比女生,男孩对于写作的热情和耐性大为逊色。过关就是成功,不屑于精打细磨。检查日记了,只要不挨批,只要不因为质量太差而被罚抄书,他们就"革命"成功、弹冠相庆了,欢呼雀跃着把本子塞回书包,奔出教室接着玩那些稀奇古怪的游戏。全不像女生似的,彼此窥探分数,彼此分享作品。

大约对于阅读也是这样吧。放学路上,几个脑袋凑在一起边走边看书,或者围坐在草地上看书"说书"的,必定是女生。小子们呢,就在旁边,就在与校园一墙之隔的球场上奔跑追抢。一个个活力四射,一个个汗气蒸腾——那是篮球队员和足球队员在训练。真真身心投入,真真生龙活虎。

他们有他们的表现欲,他们更愿在运动与游戏中释放生机与活力。所以,"云门弟子"下面的男生日记寥寥无几——但这绝不意味着他们写不好,当灵气和感觉涌过笔端的时候,那份精彩也非同小可。然而,这份精彩只能在日记中绽放。教师指导过的命题作文,再怎么好,也有一个看不见的模子在,很难写出个性,很难让人眼睛一亮。

日记的精彩,有文为证:

剥毛豆

宋振亚

吃完晚饭,我就和妈妈一起剥毛豆了。

剥了一会儿,妈妈发现了一条白色的虫子。它一爬一爬的,头是黑色的,嘴像一个大夹子。过了一会儿,我又剥到了两只虫。它们躺在毛豆里,活像一个字母"S"。

过了一会儿,我又从一个毛豆里发现了一只体态粗壮的大虫子,我用牙签挑起虫子,给奶奶看,奶奶不看,我就送给妈妈看。"啊!"妈妈尖叫一声,"吓死我了!"我哈哈大笑。

然后,我又发现了一只又大又肥的虫子,吓了我一大跳。我把那只虫子往妈妈身上一扔,妈妈又叫了一声,拼命把虫子往地上抖,我又哈哈大笑。

剥完了,妈妈说:"如果把毛豆里的虫子集中起来,能炒一盘子呢!"

从一米多高的桌子上跌下去
黄云飞

今天晚上,我和几个小朋友一起玩,我爬上了一张放在外面的桌子。那桌子有一米多高,玩着玩着,我的一只脚踩空了。"啪!"我0.1秒钟内就躺在坚硬的水泥地上了,眼前有一个个小亮点,这就是"眼冒金星"了。

这时,朱奶奶用温暖而有力的双手快速地把我扶了起来,亲切地问我有没有事。我当然有事!只觉得耳朵里有"嗞嗞"的声音,想吐,头痛,脚也走不动。奶奶又问我:"要不要带你去医院啊?"我说:"当然要去看一看,如果出了问题可就不好了!"说完朱奶奶就带我去了医院。

我睡在社区医院的床上,此时,爸爸和妈妈也来到了医院。医生检查了一下我后脑勺的伤口后说要到105医院检查一下。我一听,马上站了起来,打足了精神,跟着爸妈来到了小区大门口。晚上没有公交车,我们准备乘出租车。可是近十分钟过去了,一辆出租车也没有来。我突然灵机一动,说:"厂大门口不是有很多出租车吗?我们去那里,怎么样?"

爸爸背着我到厂门口,果然有几辆车停在路边,妈妈赶快叫了一辆带着我们向105医院驶去。我一路上睡在座位上,到了医院后,我早已经到了梦乡了。爸爸叫醒我后,我都忘了我是到医院看病了。"这是哪里?""105医院。"爸爸回答道。一听说医院,我什么都知道了,一下坐了起来。付完车钱,爸爸赶紧抱着我进了急诊室。医生摸了一下我头上的"大包包"后,又问我是否吐了,是否说胡话了。然后说:"没事的。吐口水、说胡话才是不好的征兆。这是轻微的脑震荡,也有一定的危险,不能忽视它。"说完爸爸妈妈紧张的心才稍稍放下一点。可我还是提心吊胆的。这可是我有危险,我理所当然比他们更害怕。爸爸说让我住院观察。"让我请假住院?不行的,我可不能误了学习,我明天是可以上学的!我们回家吧!"

爸爸妈妈又在医院里待了一个小时,看我还正常,就打了出租车。到家时已是晚上11点多了,我洗完澡一下子就冲进房间去睡觉了,累得真不轻啊!我倒在床上,几分钟就睡着了。

12月8日 / 星期六 晴

人一开心话就多

阳光灿烂的上午,在家做第六单元测验小结。心情一如户外阳光,明媚灿烂。

95—99分,21人;

90—94分,18人;

80—89分,21人;

70—79分,3人;

60—69分,1人。

得99分的有4人,他们是郭乐、胡婧怡、高岩松、朱翔宇,男生女生能在最高分上平分秋色,这在本班是难得一见的喜人景象。另外,进步明显,值得表扬的3位是:李智炫(96)、谢旭东(89)、王涛(82)——还是男生。也许小子们真的奋发了?我希望,我相信!四年级形成的学习态度和学习习惯,将一直保持到高中甚至大学基本不变。四年级是关键期,对于男生尤其如此。

从前的朱翔宇凡事拖拉潦草,凡事漫不经心,自开学之初请来他的母亲"响鼓重槌"之后，小家伙在口头表达依然灵动踊跃的同时，书面表现也日趋沉稳端方。于是成绩提升并稳定，而不是偶然"冒仙气"。借助于父母的努力，朱翔宇正在朝着嘴强笔也强的方向勇猛精进。

至于郭乐，她的语文分数一直中等偏上，总在90分至95分之间浮动。最近成绩的稳步提升，我以为和她的"写书"大有关联。自主的有目标的写作，是一件浪里淘金的事情。这种写作得以进行的前提，是海量的吸纳和专心的揣摩。一个被赋予了写作激情的孩子是幸福的，当一个孩子有心写作的时候，阅读量自会激增，阅读品位自会激长，在阅读中内摄和吸纳的速度和效果自会激增激长，且这种增长是在极其主动愉悦的状态下完成的。其于儿童精神发展的照耀与润泽的程度，比起以分数为目的的学习，不可同日而语。

教师当然无意提倡大家都去写书。其实，每个认真完成日记的孩子，都在用他富有吸收能力的心灵书写着自己的"班级之书"——自己的《我的故事》。

对于小学生来说，是先集中识字再开始阅读好，还是先读起来，将识字任务完成于兴趣盎然的阅读好？一直以来，这是一个争论不休的问题。看云以为，对于儿童来说，作为手段和准备的一切教学，比如集中识字、汉语拼音，对于开拓并清理道路，使得之后的阅读平坦而顺畅，当然有它的好处。但代价也是昂贵的,那就是牺牲儿童当下的快乐,割裂儿童原有且应有的圆融完整的生命感。

是的,那些在规定时间内过了"识字关""拼音关"的孩子可能从此走上阅读之旅。然而不可否认,也有很多孩子,因为集中识字和汉语拼音的艰难乏味,从此畏惧了书本和学习,不能坚持到胜利的时刻——永远倒在了阅读的门外。我说"可能",是因为一个识了很多字的人,并不必然就会成为一个热爱阅读、心灵柔软的人。相反,可能他那尚未萌芽的阅读热情,会窒息夭折在枯燥乏味的识字教学中。我总怀疑,那些有着精明的头脑、刚硬的心,活得过于功利实际的成人,就是这种隔离手段与目的的结果。

一、二年级的孩子对于学习和阅读是既向往又畏怯的。单纯或者主要以拼音和识字为目标而脱离了具体生动的阅读体验和阅读快乐的高度集中、高度强化的学习,如风沙劳损了儿童原本脆弱的意识力,如严冬摧折了儿童尚未萌芽的阅读兴趣。当我们打着"未来"的名号,用手段遮蔽了此刻的意义的时候,可能会让孩子跌倒在手段这个门槛上,一生不能登堂,一生不能享受阅读的富丽堂皇。

所以,阅读不应开始于识字,而应当开始于聆听,开始于读图。

一切分裂了手段与目的,一切牺牲了此刻的快乐和意义,一切割裂了儿童圆融完整的生命感——一切以当下作为未来的过渡和准备的教学，都应当慎之又慎。

写作也一样，未必要等到识了很多字，读了很多书——也就是说手段具备和准备充分之后才可以进行。有意义的写作，其实就是说话的延续，是更深层次、更高级别的说话。很小的时候，儿童的涂鸦就是写作，是比在教室里、在教师指导下完成的作文更富有生命意义的习作。

识字、阅读、写作在儿童那里不是机械性质的从这一阶段进入到下一阶段，而是生物性质的参差而进、协同发展。三个阶段总是同时进行，只是在特定时期，某一任务可能占主要地位。而某一项任务完成的质量，又将直接取决于它和另外两者血肉相连的程度——协同成长的程度。

怎么扯这么远啊。没办法，人一开心话就多。

12月10日 / 星期一 ☁ 阴

浸 润

一、缘起

《一片叶子落下来》，[美]利奥·巴斯卡利亚/著，任溶溶/译。

一个月前，晏楚芸递书给我："老师，这是我妈妈买的。她觉得很好，希望您能读给我们听。"

接过来，翻了翻，确实很好。

"可惜文字太多，不适合班级朗读。我们只有一个早自习，必须在20分钟内完成朗读和讨论。这一本读下来，差不多就要20分钟了。对不起了，谢谢你妈妈了。"

之后，小安班上也买了《一片叶子落下来》。之后是那些画面，那些树叶强烈地刺激了我的心：春天，一粒粒芽苞冒出枝头，在蓝天下闪烁着新生的光芒；夏天，浓绿将天空筛成星星点点的微蓝；秋天，整棵大树变成了一片斑斓的彩虹；冬天，树叶次第落下，健康的赤裸的枝干尽情地呼吸着无边的蓝天和宝贵的阳光。在无风的宁静里悄悄耳语，在微风的韵律中婆娑轻舞；会心地听老人交谈，慈爱地看孩子嬉戏；在满眼斑斓时惊诧，在北风劲吹时瑟缩……所有画面都是照片，所有画面都是树叶——会呼吸的、有情感的叶子；和文字一起，演绎生命之歌的普通的叶子。

于是我决定，12月10日就读《一片叶子落下来》。

准备工作早就开始了。马静婷的母亲（朱云娟）把全书文字打出来，唐老师（叶少华母亲）按照我分好的角色带着马静婷、叶少华、晏楚芸反复练习。

二、聆听

星期一，孩子们照例提前到校。坐定后，照例先读一篇课文，为的是将周末散逸的心神收拢了。

三个孩子并排站在了台前，身材高挑的唐老师举起了书本。

教师撳下按钮，太熟太亲的《春野》响起。短暂的序曲之后——"开始！"于是孩子们听见：

一片叶子落下来
——关于生命的故事

春天过去了。

接着,夏天也过去了。

弗雷迪这片叶子已经长大,叶片又宽又厚实,五个角又尖又硬。

他长在一棵高大的树上。可春天里,当他在靠近树梢的那根大树枝上出现时,还不过是小小一片叶芽罢了。

…………

这时候,整棵树,其实应该说是整个公园,几乎一下子变得五彩缤纷。树上几乎再没有一片绿叶子。艾尔弗雷德变成了深黄。本变成了闪亮的橙色。克莱尔变成了火红色。丹尼尔变成了深紫色。而弗雷迪呢,红当中带金色又带蓝色。他们看上去都是多么漂亮啊!弗雷迪和他那些朋友让他们这棵树变成了一片虹彩。

"我们都在同一棵树上,"弗雷迪禁不住问道,"为什么我们会变成不同的颜色呢?"

"我们每一片叶子都是不同的。我们的体验各不相同。我们面对太阳的方式各不相同。我们投下的影子各不相同。我们为什么就不能有不同的颜色呢?"丹尼尔实事求是地说。丹尼尔告诉弗雷迪,这个了不起的季节就叫作秋天。

…………

"我怕死,"弗雷迪坦白地告诉丹尼尔,"我不知道下面是什么样的。"

"对于不知道的事,我们全都害怕,弗雷迪。这很自然。"丹尼尔回答说,"不过,春天变成夏天,你不害怕;夏天变成秋天,你也不害怕。这些都是自然的变化。那么,你为什么要害怕这个死的季节呢?"

…………

这时候打印好的文本还没有发下。孩子们一边看图一边聆听。聆听满树葱茏的生机与喜悦,聆听弗雷迪和丹尼尔的对话:关于志愿,关于快乐,关于死亡,关于生命……

孩子们的目光先是欢悦的,继而是忧惧、充满同情的,最后是安详宁静的。

随着声音,随着画面,我们一起进入了叶脉,经历树叶的春夏秋冬;我们一起体验着生命,品味生命那无与伦比的魅力。

三、齐读

三个孩子都已回到了座位,教室里还是一片安静。宝贵的安静。

"谈谈感想吧。"教师说。

冷场。学生对于教师的提议几乎没有回应。他们是对的。《一片叶子落下来》不同于从前的朗读文本,那些都是文字简洁的故事。面对文字简洁的故事,可以组织起基于情节的讨论;可是今天,面对丰满美好的文字,朗读应当追求的是基于语言的浸润。浸润是需要时间的。刚刚听完,文字、画面还有声音,刚刚从眼睛、耳朵进去,还没有在心底落定呢,教师就要他们发表感想、发掘意义,这是对浸润的干扰。

第一节课,通篇齐读。没有音乐,也根本不准备讨论。可是——大约和正处的时令有关吧,读到"冬天"时——感觉来了。

"我不想死!"弗雷迪斩钉截铁地说,"你也要死吗?"

"是的,"丹尼尔回答说,"到时候我就得死。"

"到什么时候呢?"弗雷迪问道。

"谁也说不准。"丹尼尔回答说。

弗雷迪看到别的叶子在陆续飘落。他想:"一定是他们的时候到了。"

他看到有些叶子跟风对抗,有些叶子乖乖地让风吹走,安安静静地飘落到地上。

"如果是你,如果你是一片冬天的叶子,你会跟风对抗吗?"

"我不会的。"高陈回答,"万物有生就有死。对抗是没有用的。"

"我会对抗的!"韩玉琤很激动,"就算终究要死,多活一天也是好的!而且,我不想离开大树!我不想结束生命!"

"那么,这棵树也要死吗?"弗雷迪问道。

"有一天它也要死。不过有一样东西比树更强。这就是生命。它将永存,我们大家全都是生命的一部分。"

"当弗雷迪知道大树也会死的时候,弗雷迪是什么感觉?"

"难过。"一个声音说。

"好过。""感觉好了些。""他得到安慰了。"很多声音说。

"这都是怎么回事呢？"弗雷迪追问说，"既然我们要飘落下去死掉，我们干吗生长在这里呢？"

丹尼尔继续实事求是地回答："这是为了享受太阳和月亮。这是为了一起过那么长一段快乐时光。这是为了把影子投给老人和孩子。这是为了让秋天变得五彩缤纷。这是为了看到四季。难道这些还不够吗？"

那天下午，在金灿灿的黄昏日光中，丹尼尔落下去了。他安详地落下去。他落下去的时候，好像还在安详地微笑。

"再见了，弗雷迪。"他说。

"丹尼尔为什么落得那么安详？他为什么能够微笑着死去？"

"他尽到了一片树叶的责任。""他享受到了太阳和月亮。""他看到了四季。""他从一个小叶芽慢慢长大，在秋天和别的叶子一起把公园变得五彩缤纷。"

"难道这些还不够吗？"

"够了！"

"谁都会死去，要怎样活着，才能死得没有痛苦、没有遗憾？"

"尽到自己的责任。""享受生活的美好。"

于是，就剩下弗雷迪一个，他那根树枝上就剩下了他这片叶子。

"艾尔弗雷德落下了，本落下了，克莱尔落下了，最亲爱的好朋友丹尼尔也落下了。现在，整棵大树只留下自己一个了。如果你是弗雷迪，你现在还怕不怕落下？"

"不怕！"所有的人一起回答。

"我自己立刻就跳下去！"朱翔宇大声说。

"为什么？"

"孤独比死亡更可怕。"晏楚芸说。

"朋友们都落下了，想来也没有什么可怕的了。"韩玉琤补充道。

第二天早晨下了第一场雪。雪白白的，松松软软，可是冷得厉害。那一天没什么太阳，白天非常短。弗雷迪发现他颜色也没有了，很脆，一碰就会碎掉似的。天越来越冷，雪重重地压在他身上。

天亮时来了一阵风，把弗雷迪从他那根树枝上吹了下来。一点也不痛。他觉得自己安静地、轻飘飘地往下掉。

他往下掉的时候，有生以来第一次看到了整棵大树。它是多么壮实啊！他断定它能够活很久，他知道他曾经

> 是它生命的一部分,这让他感到自豪。
>
> 弗雷迪落到一堆雪上。它又松又软,甚至有点暖和。在这个新地方,他感到甚至比原先还舒服。他闭上眼睛,一下子睡着了。他再也不知道,春天将要到来,雪将要化成水。他再也不知道,他这片无用的干枯叶子将跟水混合起来,让这棵树长得更强壮。他睡在树下的土里,更不可能知道,春天来时,新的叶子将要长出来。

四、再读

第三节还是语文,学生再次捧起文本。这一次,他们是在音乐中朗读。《春野》之后是钢琴曲《秋日的私语》《献给爱丽丝》,都是我们熟悉的。

2 500多字的长文,将近20分钟的朗读。听见64个孩子动情而流畅地读完全文,教师的感觉,岂一个"好"字了得。

还需要深入讨论了吗?不必了。以浸润为目标的朗读,涵盖一切又孕育一切。浸润的目标之所以能够接近,一个重要的原因是:今天的朗读融入了三位母亲的情感和心血。当母爱融着书香汩汩涌进教室的时候,班级的母语教学,想不温暖、不润泽都难啊。

整本书的文字都好。教师最爱的四段是:"春天变成夏天你不害怕""难道这些还不够吗?""这让他感到自豪"以及——

> 弗雷迪真高兴他是一片叶子。他爱他这根树枝,爱他这些轻盈的树叶朋友,爱他这高高在空中的地方,爱轻轻吹动他的风,爱温暖他的阳光,爱在他身上投下洁白、柔和的影子的月亮。

12月13日 / 星期四　晴

更可靠的写作引导

每当学生发言，教师不是凑近，而是急步后退——尽量远离。如此，清楚听见发言的，就不只是教师而是全班；如此，为了让教师听见，孩子就必须站直了，放出胸膛里的声音和勇气。"实话实说，"教师告诉小安，"这都是逼出来的。这都是因为他们有一个装聋的老师，一个听不清就要发火的恶师。"

今天，第四组的晏楚芸、丁若琳朗读日记。丁若琳的《第二居室》写的是她妹妹建在壁橱里的"第二居室"。被子、枕头、闹钟、玩具一应俱全自不用说，最有趣的是"第二居室"的窗帘——那是一条漂亮的连衣裙，真是别致得可以！"我多么希望自己也拥有这样一间第二居室啊！"孩子都笑了，笑容里满是羡慕，还有回家立刻开工的冲动。

在教室的最后，教师背壁而立，听见孩子从讲台、从教室的最前方送出自豪响亮的朗读，送出童趣盎然的文字，教师深叹："佛是公平的！虽然眼睛透坏了，毕竟我的耳朵还是蛮有福气的。"

　　一篇读毕，跟着就是点评。"文章好在哪里？""有没有可以改进的地方？"围绕着这两个基本不变的主题，学生各抒己见、畅所欲言。议论常常就是重复听来的好词好句，议论常常激起欢快的笑声。

　　一册教材，单元习作不过七次。相比之下，不论是比自主性还是比生动性，每周的两篇日记朗读与点评都是更可靠的写作引导。上台朗读，充分满足了孩子的表现欲。因为佳作脱胎于全组逐一朗读（四组座位按照逆时针方向每周一移），且教师对于"进步篇""优秀篇"给予一样的重视，这就给每个孩子提供了公平竞争的机会。至于点评，则让每个人都有了"做一回语文教师"的机会。来自同伴的赞扬和建议，往往比来自教师的更为学生所接受。

　　这样的指导是更可靠的，也是更自然、更温馨的。日记朗读和点评拉近了孩子与写作的心理距离，极大地激发了学生用书面语言记录自己生活、表达自己感悟的热情。毕竟，比起教材规定的习作，日记更有趣、更丰富、更自主。学生自然更爱听、更爱议，从而更乐意写。

　　至于隔周一次的四人读书汇报及点评，它和星期四的日记朗读及点评是一脉相通的关系。看起来"读书汇报"是一种局限，其实，定期进行、渐行渐远的"读书汇报"的意义在于引导孩子把书面表达乃至精神成长的根系牢牢地、深深地扎进阅读的沃土中。是大量的、高品位的、越来越多地渗进主动学习意识的阅读,使得教师可以期待周四能够听见活泼灵动的日记,那开在声音里的清新茁壮的精神之花。

附:

噢,Marry!

晏楚芸

今天,我去姑妈家做客。一进门,就看见姑妈的一张笑脸,还有"汪汪、汪汪、汪汪"的叫声。哇,一只狗!我没命地跑着,狗在后面没命追着。"Marry坐下,听话。阿芸别怕。"听到姑妈说话,Marry乖乖地坐在姑妈脚边。

Marry是这只狗的名字。它是一只长得很奇怪的狗。它很像猪,特别是那个小尾巴和那对耳朵。它的嘴属于地包天的那种,牙齿像犀牛的牙齿。这种狗学名是英国斗牛犬,属于名贵的犬种,身价不菲,有着高贵的血统。最贵的十万,最便宜的也要两三万元。

我一进门,它就扑在我身上,头挨在我的胸口,两条前腿扒在我腿上,身长半米多。它嘛,在姑妈家这半天,往我身上扑了20多次。

姑妈说它是一位小姐，可我怎么看，都不能让它和"小姐"画等号！它有时乖巧，有时淘气。我摸摸它的毛，它会觉得特别舒服，还让我挠挠头呢！它的头顶上长着几道褶皱，头顶上毛的颜色是白色和粉色的，身上的毛是棕色的，比较硬。

Marry今天闯了两次祸。第一次把橘子咬了，没吃下去，但咬了个稀巴烂。第二次是把姑父装毛笔的盒子咬烂了。它不挑食，什么都吃。中午，我们吃饭时，姑父把Marry关在阳台上，它使劲拍打着玻璃门以表示它想进来。进来后，姑父喂了它一块绝味鸭骨头，它被辣得直流口水。

我非常喜欢它。虽然它有时吐口水在我衣服上，但我还是喜欢这小Marry。噢，虽然它身材很大，但只有10个月大。我进姑妈家时怕它，出来时舍不得它。我下次来时还和它玩。我多想拥有一只Marry！

12月17日　/　星期一　☁　阴

分层再分层

早自习，刘月辰、方子裕、鲍秉轩、邢虎威分别就《夏洛的网》《长袜子皮皮》《草原上的小木屋》《杨家将》做读书汇报。当台上的人说着一本书的时候，听得格外起劲的，必是"我看过""我也看过"的家伙们。鲍秉轩的结尾"我还要向大家隆重介绍本书作者罗兰·英格斯·怀德"是个新鲜亮点，邢虎威挺胸叠肚、朗声送出的题目超长的《和杨家将一起镇守边塞——读〈杨家将〉有感》赢得了满堂喝彩。

今日一星，明日一星；这周一点，下周一点。是这些看起来极细微、极不起眼的星星点点，让班级拥有了春芽爆绽的勃勃生机，让生活闪烁出悦目怡情的明媚亮泽。

下面说正题。《雾凇》，第七单元首篇，短小精彩，要求背诵也应该背诵。前一课结尾时，已将此文初读两遍。不求甚解，读顺即可。是这种不求甚解、于幽暗深邃的"潜意识之夜"透透睡过的初读，为正式教学中的灵醒与活跃播下了种子。初读与深入学习至少要有一个中午——最好是一夜的间隔。

> 三九严寒,大地冰封。松花江畔的十里长堤上,洁白晶莹的霜花缀满了枝头,在阳光照耀下,银光闪烁,美丽动人。| 这就是闻名全国的吉林雾凇奇观。

这是第一段。三句话可用小竖线划分为两个层次:第一层从时节、景象两方面简介吉林雾凇奇观。"霜花"为第二句关键词:雾凇系霜花缀成,霜花即雾凇。在这里,拂开众多华丽词语的遮蔽笼盖,将目光聚焦于霜花,就为透彻理解第二段落做了准备。小结句"这就是闻名中外的吉林雾凇奇观"需读出自豪的语气,"这就是"三个字宜读重音。

> 雾凇,俗称树挂,是在严寒季节里,空气中过于饱和的水汽遇冷凝结而成。| 从当年12月至第二年2月间,松花江上游丰满水库里的水从发电站排出时,水温在4摄氏度左右。这样,松花江流经市区的时候,非但不结冰,而且江面上总是弥漫着阵阵雾气。| 每当夜幕降临,气温下降到零下30摄氏度左右时,这雾气便随风飘荡,涌向两岸,笼罩着十里长堤。树木被雾气淹没了。渐渐地,灯光、树影模糊了。| 这蒸腾的雾气,慢慢地,

轻轻地，一层又一层地给松针、柳枝镀上了白银。最初像银线，逐渐变成银条，最后十里长堤上全都是银松雪柳了。

第二段详说吉林雾凇奇观的形成过程。全段分两层：第一层说所有地方的雾凇都是怎么形成的，"空气中过于饱和的水汽遇冷凝结而成"的物体，其实就是霜花；第二层说"闻名中外的吉林雾凇奇观"是如何形成的。

下达了"再分层"的指令之后，经过朗读思考，学生用虚线（这里是细竖线）将第二层分为三个小层。

"为什么要这样分呢？"

项文静答道："原因是这样的：第一层讲因为水温较高，松花江面起了雾；第二层讲大雾笼罩了十里长堤的树木；第三层讲因为寒冷，一阵阵的雾给松针、柳枝镀上了一层层的白银，最后十里长堤上全都是银松雪柳了。"

"哦，我明白了！"教师做恍然大悟状，"三小层其实依次讲了雾凇形成的三个阶段：第一步，江上起雾；第二步，雾笼江树；第三步，雾结成霜。"

"也可以这样说：一要有雾，二要有树，三要天很冷。"邢虎威补充道。

"这蒸腾的雾气，慢慢地，轻轻地，一层又一层地给松针、柳枝镀上了白银。最初像银线,逐渐变成银条,最后十里长堤上全都是银松雪柳了。"一段读罢,教师将重音放在"全都是"三个字上,回头再读,"'最初像银线,逐渐变成银条,最后十里长堤上全都是银松雪柳了!'这是什么?这就是什么?"

"这就是闻名全国的吉林雾凇奇观!"学生齐答。

"雾凇,悄无声息地形成在寒夜的雾凇。天亮时,阳光下——它是怎样的景象?"

"松花江畔的十里长堤上,洁白晶莹的霜花缀满了枝头,在阳光照耀下,银光闪烁,美丽动人。"

"雾凇,悄无声息地形成在寒夜的雾凇。零下30摄氏度的寒夜啊,当霜花一层层挂上树头的时候,人们在干什么?"

"睡大觉!""在棉被里!""在火炕上!""在空调间!"

"夜去了,天亮了!来到江边,人们惊喜地看见什么?他们会情不自禁地怎样赞叹?"

"清晨,寒风吹拂,雾气缭绕。人们漫步在松花江边,观赏着这千姿百态的琼枝玉树,便会情不自禁地赞叹:这真是'忽如一夜春风来,千树万树梨花开'呀!"

到这里,经过条分缕析的文章,复又打成一片、浑然一体。

好文章其实在动笔之前已经预先睡在作者的潜意识里，就像一尊佛安详地端坐在整块的璞玉之中。作者要做的，就是唤醒文章、呈现文章。就像玉工从璞玉中认出佛、"请"出佛。作者写作未必是列提纲、分层次的，可是好文章必定是脉络清晰、不惧分析的。正如一气呵成的美文，恰恰最不怕推敲。

对于要求背诵的课文，教师一定要带领孩子分出层次。这样做是为了帮助学生理解和背诵，让学生背得快记得牢。这也是思维训练和写作指导。

但是，有"标准答案"的段落分析试题却是万万不能出现的，"死答案"害死人啊。

12月24日 / 星期一 ☁ 阴

一旦飞翔,永远飞翔

一、"三称"

"三称"是教师念经染下的习惯。每当遇到须以恭敬心虔诚称念的伟大名字,教师总要带领孩子如是称,如是恭敬。

板书作者、译者"汉斯·比尔。汉斯·比尔。汉斯·比尔"之后,出示图画书。

"达芬奇想飞!"学生齐念,齐笑。

难怪。第一次看见封面,教师也是乐不可支。

"说说你看到了什么,猜猜这是怎样的故事。"

"我看见冰天雪地里有一只小企鹅,他叫达芬奇。达芬奇一心想飞,可是企鹅翅膀太小了,不能飞。最后,他给自己做了一对大翅膀。结果……嗯……结果……"学生语塞了。封面上的达芬奇张开双翅,闭着眼睛——显然,他是在想象中飞翔。至于是否真的能飞,单看封面真的难以确定呢。

"请读书名。"

"达芬奇想飞。"

"再读书名!"

"达芬奇想飞!"

"而你在想什么?"

"我想知道达芬奇到底能不能飞!"呵呵,箭在弦上了呀。

"掌声有请朱翔宇、胡婧怡!"

二、朗读

掌声中,朱翔宇、胡婧怡走上台来,手里拿着上周五发给他们的图画书复印件。正文部分共有 24 幅图、12 页文字。事先说好了,这一遍胡婧怡念单码面的文字,朱翔宇念双码面的文字。交给他们材料的时候,除了叮嘱"回家好好读",一个字的指导都没有。教师相信:一种读法就是一种理解,每一种理解都自有道理。对于达芬奇来说,也许未经指导的学生朗读,更能贴近小企鹅的心。

教师在讲台中央站定,翻页,蝴蝶页是一片冰山漂浮的海面。"水好清哦!"有人轻轻赞叹。是的,水很清。水面上,冰山的倒影如同镜像一样清晰。

扉页之后，胡婧怡细细的声音响起：

小企鹅达芬奇住在寒冷的南极，他和别的企鹅有点不一样：其他企鹅的嘴巴是红色的，而他的却是黄色的。不过，达芬奇并不在意这个。他真正在意的是——他不会飞翔。

飞上天空，一直是达芬奇最大的梦想。

每天，达芬奇都会微笑着、充满自信地对自己的小翅膀轻声说："会的！你们很快就会长大的，那时……"

说完，他便单腿站在悬崖上，让海风吹拂着自己的羽毛，想象着自己正在飞越大海。这个梦想让他感到十分快乐。

"呵呵……"大家看见：达芬奇单腿站在悬崖上，让海风吹拂着自己的羽毛，他闭着眼睛——他总是这样闭着眼睛——想象着自己正飞越大海。跟着，朱翔宇中气十足的声音琅琅而起：

"朋友们都叫我小奇。"达芬奇总是这样说。可事实上，他根本就没有朋友。

企鹅们都觉得达芬奇很奇怪。因为他们对于飞翔并不感兴趣，只有达芬奇每天都在梦想飞翔。而且，他还一点都不喜欢游泳。因为,他非常怕水——当然,这个秘密谁也不知道。

一天又一天过去了,小奇天天都在观察鸟儿们怎样在天空中飞翔。一天又一天过去了,他满怀希望地看着自己的翅膀——可是它们却一点儿变化也没有。尽管如此,他还是不停地拍打着翅膀。虽然他一次也没有飞起来。

就这样,一段接着一段地读,一页接着一页地翻。随着文字和画面,孩子们一起走过达芬奇的追梦之旅、心路之旅:独抱梦想的无边寂寞;仰望信天翁的强烈羡慕;举起信天翁式双翅的满怀期冀;负着巨翅从悬崖摔进雪堆的疑惑沮丧;触到飞机的喜出望外,还有驾着飞机,带着众企鹅翱翔蓝天、飞跃大海的比天还高、比海还阔的幸福自豪。

听读,看图。他们看见无边的海面上,一架小飞机振翅飞翔。海面如同天空,漂浮的冰山如同白云,在机身下徜徉而过。机翼上满是企鹅。一个个兴奋莫名,幸福莫名。

"平安着陆!"奥托说,"小奇,这是你第一次,恐怕也是最后一次飞行了,因为汽油全用光了。"

不过,达芬奇一点儿也没感到难过。他的梦想终于实现了,他觉得自己太幸福了!

> 这时，企鹅群中传出一片欢呼声："好样的，小奇！你真伟大，你终于成功了！"

掌声响起来。掌声中，学生与企鹅难分彼此。掌声中，朱翔宇回过头来，与教师相视而笑——这是我们约好的！掌声落定——教师又翻，朱翔宇读最后一段：

> 达芬奇的不断努力，终于让他的飞翔梦变成了现实。后来，他又同样努力地去学习游泳。当奥托再次来看望他时，达芬奇已经能够为他表演从雪堆上向水中飞跃的技巧了。
>
> "啊，你现在真的飞起来了！"奥托惊讶地赞美着他。
>
> "嗯，而且我这次用的还是游泳的翅膀呢！"达芬奇笑着回答，然后挥动着翅膀，再一次跃入水中。

掌声再次响起。惊喜的掌声，自豪的掌声。

再翻，出现的是蝴蝶页一样的冰山漂浮的海面，只是天空中多了一架小飞机。依稀可以看见，上面的乘客还是企鹅——那是达芬奇在飞。

大洋记得，雪原记得。身体记得，灵魂记得。一旦飞翔，永远飞翔。飞翔的感觉，永远飞翔在飞翔者的心中。

三、讨论

"达芬奇起初是一只怎样的企鹅?"

"很孤独,没有朋友;很执着,从不放弃飞翔的梦想;怕水,不敢游泳。"

"后来呢?"

"后来达芬奇有了很多朋友,他真的飞上天了,而且也敢下水游泳了。"

"这一切都因为什么?"

"因为他驾驶着飞机,把自己、信天翁奥托还有其他企鹅都带上了蓝天。"

"飞机飞行了几次?"

"一次。""只有一次。""第一次,也是最后一次。"

"一个问题,为什么一次绝无仅有的飞行,竟让达芬奇不怕水了?"

"飞行让他获得了友谊。""大家都说他伟大!""大家都崇拜感激他!""他成英雄了!""英雄哪有怕水的!"

"拥有了友谊和尊重,就拥有了信心和勇气!"教师郑重总结。

"有三种飞,"李旭冉说,"一是靠自己的翅膀飞,二是靠着制作出来的大翅膀飞,三是驾驶着飞机飞。最后,达芬奇是用自己退化了的小翅膀，从雪堆滑翔到水里。这是真正的飞！"

"老师，我好喜欢达芬奇戴着飞行帽的样子。他在水里游泳和练习滑翔的时候都舍不得脱掉飞行帽。"邢虎威说。

"这是为什么呢，你以为？"

"我想，其实他还是有点怕水。他是在用飞行帽提醒自己：我是飞行员，我是英雄。这样，勇气和力量就回到了他的心中。"

"'朋友们都叫我小奇。'达芬奇总是这样说。可事实上，他根本就没有朋友。这句话让我难过。"韩玉琤说。

"我喜欢企鹅们趴在飞机翅膀上的样子！"周子善说。

"对！""一个一个好可爱哦！"所有的人都表示赞同，所有的眼光都流露出期盼。

"掌声再请朱翔宇、胡婧怡！"

这一回，朱翔宇念单码面文字，胡婧怡念双码面文字。从头到尾，整本书又重新看过、听过。好幸福，好满足。

四、画面

当然，最幸福、最满足的是教师，因为教师可以仔细地、反复地看图，可以在一看再看中充分体会那些文字不能传达的情怀和意味。每幅画面都是令人难以忘怀的！直到在悬崖下的雪堆里触到飞机之前，包围着小企鹅的，都是以蓝、白、黑、绿为主的冷色调——都是与执着同在的难以言表的寂寞、清凉和惆怅。是飞机，让画面及达芬奇的身心都亮堂、温暖起来。

最让教师动心的，是达芬奇与奥托在机舱里相互依偎而眠的情形。大雪纷飞的南极，夜空、飞机是温馨厚实的黄色、褐色、梦幻般的紫色。而雪花，简直成了夜之被上茸茸的花朵了。这份浓郁的温馨，这份可信赖、依靠的厚实，也是优雅、强大的奥托对于达芬奇的无边温存的写照。偏偏那架款式并不新颖的飞机几乎整个儿都是木质结构的。于是，这架报偿了达芬奇的执着并给达芬奇带来好运的飞机，也理所当然地散发出温暖的、生命的气息了。

夜幕降临了，雪花轻轻地飞舞着。达芬奇和奥托加快速度，把整架飞机从雪中挖了出来。

"哇！这真的是架飞机耶。"达芬奇高兴地说。

"虽然不是最新款式的，但还能飞哦。"奥托说。

"真的？你的意思是，我们可以用它……"达芬奇迫不及待地说。

"明天看看再说吧，"奥托笑着回答，"今天实在是太累了，我都快站不住了。"

达芬奇也累坏了，不过他实在是太兴奋了，所以过了很久才睡着。

五、"人不是飞上天了吗？"

一个早自习加半堂语文课，今天的朗读可谓透彻。第二遍读完，教师意犹未尽。

"达芬奇想飞。达芬奇竟然想飞！企鹅都笑他，这奇怪吗？"

"不奇怪！""企鹅翅膀是用来游泳的。""企鹅从来都不会飞。"

"达芬奇想飞。达芬奇一心想飞！这可笑吗？"

"不可笑！""达芬奇是企鹅，企鹅是鸟。""是鸟就该飞上天的！"

"是啊，有翅膀就该飞翔，有翅膀就该有飞翔的梦。如果一只蜗牛想飞，那才可笑呢！"

笑声中，李旭冉站起来反驳："一只蜗牛想飞，那也没有什么可笑的！人就没有翅膀，可是人一心想飞，人不是飞上天了吗?"

教师随口一说,居然引出如此妙语。突然想起周杰伦的《蜗牛》,如果嗓子好,教师一定会给孩子们唱的:

> 我要一步一步往上爬
> 在最高点乘着叶片往前飞
> 小小的天流过的泪和汗
> 总有一天我有属于我的天

12月26日 / 星期三 ☁ 阴雨

考试真的好难啊

第七单元测验。上回测验是在12月8日，第六单元的成绩可谓史无前例的好。

一般情况下，时间拖得越久，成绩越不尽如人意。加上卷子不是平常所用的基础卷，而是另外一套测试卷里的B卷。题型活、难度大，除非基础扎实、见识广博且心思细腻，否则很难考到高分。加上最近做的都是七单元以外的事情，所以今天的成绩不是一般的不好，简直是很差。史上最差。

92分，1人（胡婧怡）；

80—89分，29人；

70—79分，26人；

60—69分，4人；

50—59分，4人。

第三题"按一定顺序重新排列词语"，其中第2题出现的一串词是"宋朝 汉朝 秦朝 清朝 元朝"。

"你们还没有学历史吧？这题明显超范围了！不该扣分

的。"小安说。

"我可不这样认为。四年级不比一、二年级,题题都拿范围去框,那我们读书还有什么用?虽然绝大部分人都在这里丢失了2分,可是那些爱看书且留心的拿到这2分了,比如胡婧怡、晏楚芸、韩玉琤、李旭冉、黄云飞、盛建福荣……考试的意义就在于引领、促进孩子的主动学习,使孩子早日成为学习的主人。四年级了,就是要通过考试让他们意识到:必须要扎实、广博、细致,只有这样才能成为出色的'庄稼人'——把该得的收成颗粒归仓。"

试卷从来没让家长签字过,这回要不要签字呢?也许这记警钟能够促使他们在复习阶段帮孩子一把。犹豫了一下,复归于平静。还是那句话:真关注、真想知道的,自然会知道;不关注、不介意的,知道了又怎样?顶多一通臭揍而已。万一有那比教师还不心平气和的,打出个三长两短,我会痛悔不已的。

今天的作文题是《真想不到》。很多孩子写自己考砸了,父母没有打骂,而是给予理解、帮助。"考试真的好难啊。能这样就不错了。孩子,让我们找到原因,共同努力,争取进步吧。"类似的文字,不止一次在今天的试卷上读到。也许是真事,也许是编的。无论哪种情形,都让教师心头酸酸的、热热的。那是学生在教育他们的老师呢。

"考试真的好难啊。能这样就不错了。孩子,让我们找到原因,共同努力,争取进步吧。"教师对自己说。

为什么测验间隔这么久呢?本着"远近结合""套着复习"的原则,第七单元结束之后,我们温习了前四单元的课文,并且朗读了不少短文——在时间宽裕的情况下,教师喜欢从《基础训练》里挑出一些文章让学生读。只是读,只是读——读熟为止,读出语感为止。如果时间再宽裕呢,教师还会打印一些精美文字给他们念。这样的事情,教师称之为"打野食"。"野"的意思有两层:一是和考试没有直接关联,二是学生读它们远比读课文开心。野味嘛!在漫长的复习的日子里,这样的野味,既是调节,更是利在将来、惠在根本的实实在在的滋养和复习。

第七单元测验结束了。对我而言,这学期也就结束了。剩下的时间做什么呢?读书、复习、听音乐。而复习呢,又是"野食"、教材间隔着来。接近考试时,就须咬定青山、紧扣教材。这叫从远至近,按辔而行。

当然,作为班主任,教师还要关注他们的数学、英语。

而教师呢,只要尽力,就该心安理得。

12月29日 / 星期六 ☀ 晴

阳光多么美好

阴霾太久的天，终于放晴了。阳光多么美好！这是2007年的最后一个工作日。

上周一的课。早自习，高陈、李玉雯、盛建福荣、李宋杰分别就儒勒·凡尔纳的《八十天环游地球》《薛老师给我们读过的〈课外美文〉》《没有尾巴的狼》《时代广场的蟋蟀》做读书汇报。

之后订正综合测试卷，读、抄短文中出现的优美词语。"放三天假后回来，就是2008了。今天是个特殊的日子，你们可要乖乖的，不要破坏了老师的好心情哦。"教师恳求道。孩子们也真的很乖。

不仅孩子乖，家长也有"献礼"的。

"一类字、课后词语、单元练习里的'读读背背'，还有课文要求背诵的内容，这些都是必须掌握的。如果这些内容你已经过关，就让家长给老师写个条子。那么别人抄写的时候，你就可以在课堂上自由阅读。"星期四，教师在班上宣布。

话刚落音，第二天——也就是昨天上午，丁若琳就交来了母亲周晓林写的条子。

今天下午，周子善也交来条子，而且周勇、金花都签了字。为此，教师特意打电话给周勇，表扬并感谢。

"老师，每次要考试都是你给我们打电话。时间长了，我们也知道要做什么了。所以我们老早就给周子善一课一课地搞了。活的我们不懂，就只能帮着他弄弄死的。数学多少也能帮上一点忙，英语真是一点都不懂。正打算从安徽大学请个家教来。可惜路太远，到现在人家还没有上门来。真是头疼事！小孩不行，自己又没水平。怎么办呢？没有别的办法，只能想这个点子了。"

是啊，对于这样的家庭这样的孩子来说，真的是"没有别的办法，只能想这个点子了"。

这就是还债。周勇是个老板兼厨师的小生意人。对于周勇来说，这是一笔多么漫长而沉重的债务！

在今天，一个家庭最不能欠下的，就是教育尤其是学前教育的债务。由于基础、能力、习惯各方面的原因，教师知道，大约周子善父母也知道：再怎么补，要想成绩明显提高也是困难的。

然而，要紧的不是分数，要紧的是父母有这份尽力而为的心,要紧的是这份"尽力而为"所传达出的对于儿子的希望和信心。

一切无可挽回的失败都是从羸弱无助、自暴自弃开始的。对于弱孩子来说,希望和信心更急需、更宝贵。即便没有奇迹发生,即便不能奋起直追,即便尽力而为只收获了一个最终没有自暴自弃、没有厌学憎读的儿子,也是了不起的收获啊。

在今天,这对父母的收获就是:再度鼓起教师对于他们心爱的儿子——周子善的希望和信心。

1月 January
不是我相信，
而是我知道

2008年1月3日 / 星期四 晴

我们首先应当看重的

高岩松的 20 元稿费到了。

2007 年 12 月 23 日，传达室送来一份邮件。"是你们班高岩松的。"

第二天，孩子把一本崭新的《小学生生活》递给我，指着翻开的那一页："老师，我的文章发表了。"

"合肥市第 62 中学高岩松——《动物的乐园，我的家》。"教师念道，"真棒！我知道，你家现在已经养上蛇了！好吓人哦。你最喜欢蛇，王方波最喜欢螃蟹。喂，是你家人帮你投稿的吗?"

"不,我贴到'云门弟子'下面,是他们自己找到的。"

"恭喜高岩松!祝贺高岩松!等着吧,还有稿费呢。"

"发表就行了。我不要钱!"

24日正好是星期四。那天的读书课上,同学们听见了三篇日记。

在一阵羡慕的掌声中,高岩松含笑回到座位。

掌声中,教师问:"高岩松,寒假愿意抄范文吗?"

"愿意!"

学期即将结束,教师检查日记格外仔细,有些本子教师会从头到尾翻一遍,思忖着是否要将该生名字记录在册。那些被录下名字的,假期会多一项作业:或五,或十,或二十,抄写不同篇数的小学生习作范文。原因主要有二:一是真的写不好、不会写,需要通过抄写在大脑中硬性"刻"下习作的模式和套路;二是态度轻慢、敷衍了事,一学期下来,日记水平没有得到应有的提高。学如逆水行舟,不进则退。"明明能写好,就不好好写。"如果听之任之,长此以往,就会由"不欲"变为"不能",想写好也不能写好了。

教师问起时,他们个个都能说出自己被加作业的原因。

"我到现在还不会用双引号。寒假里,我要专拣对话多的作文抄。""我老是写一两百字,我要找300字的作文抄，学着写长。""我的日记不但短，而且字好丑，分数总在80分左右。我抄作文，一是为了学写作，二是为了练字。"

呵呵，事实证明，他们个个精明着呢；事实证明，不抓误人子弟，不抓白不抓。学期即将结束，学生日记也格外认真。他们知道，临时抱佛脚即便不能免于抄写，也能减少作业。这也是教师的治心之术。否则，这么长的复习时间，字有多飞，心有多飘；文有多短，神有多散。

就在当天，高岩松的名字也被记录在册了。

"为什么愿意？"

"我的日记时好时坏，不踏实。有时候还糊弄。"

"知错愿改。掌声！"

由衷的掌声是一股强力的热波。在这强力的热波中受到震荡和感化的，当然不止高岩松一个。

"教师也好，父母也好，我们首先应当看重的，不是成绩，而是态度和努力。有两个孩子在这里：一个资质中下、勤勤恳恳，能得80分就得80分；一个资质中上、心不在焉，该得90分只得80分。两人分数相同，然而更可靠、更值得信任、更有前程的，必定是第一个孩子——除非第二个孩子醒悟过来、踏实起来。因为前者对生活、对自己更有责任感；因为生活要求于我们的，首先是恒心、定力、责任感等非智力因素。作为教师，当我们持这种态度看待学生、评价学生的时候，教育就是素质教育。"回到办公室，教师还在喋喋不休。身边有小安，看云总是谈锋甚健。

"可是铃木镇一的父亲只要铃木镇一考60分。条件是他得利用其余时间锻炼身体、博览群书。结果，铃木镇一的课余时间几乎全部泡在书里，最终成了很有影响力的教育家。"小安说。

"你竟以为我和老铃木是对立的吗？如果哪个孩子有一位能够保证让他锻炼身体、博览群书的爸爸或者妈妈，你竟以为我会因为作业或者分数而不肯放手吗？再说了，博览群书，可能只考60分吗？唯上智与下愚为不移，教育对于傻瓜和天才从来都是油盐不进的，教育从来只对中人起作用。中人教中人，我们还是老打老实得好！梅尔·列文认为严肃的教学过程其实就渗透着严肃的道德教育。'家庭应当渗透着有力的学习道德规范。''学习道德规范'——这词儿真带劲！"

家长会后，有两个孩子发生明显变化。一个是"纸上飞"的李想，她的字变得工整了；一个是高岩松，11月14日后，他就再也没有迟到过。当然，这只是被教师看在眼里的变化，相信还有其他孩子、其他父母也在努力争取进步，努力发生变化。即便只有两个人的两点变化，教师的一番摇唇鼓舌也算没有白费。

路漫漫其修远兮，教师只能陪他们走过六年。为了期待中的更多变化，教师还得继续摇唇鼓舌下去。

谋事在人，成事在天。但问耕耘，莫问收获。

附：

动物的乐园，我的家

高岩松

我家是一个"小小动物园"，你羡慕吗？

我们一家人都喜欢小动物，特别是我，见到可爱的小动物就愿意养起来。我家厕所里是慢吞吞的小乌龟，水桶里养着自由自在的鱼儿，水盆里是黑乎乎的小蝌蚪，里面还有一只横行霸道的螃蟹。

我又爱又恨的是螃蟹。有一次，我带它出去玩，把它放进了小池塘的浅水区里，它像潜水员似的"咕噜咕噜"地往上冒着气泡，我正要把它拿出来的时候，它突然伸出两只锋利的大钳子夹住了我的手，我感到了一阵剧痛，连忙使出吃奶的力气拼命地甩手，希望把它从手上甩下来，可是这个家伙一定是疯啦，死死地夹住我的手不放，后来还是在妈妈的帮助下，我才摆脱了困境。不过我可怜的手指已经变得通红通红了。从此我知道该怎样抓螃蟹了——千万不要抓它的腿，要从上面直接抓它的壳，这样它就不会"咬"到你了。

　　那么我最喜欢的是什么呢？别急，让我考考你，给你们猜个谜语就知道啦！"一物生来真奇怪，身上裂了七八块，你要问我它是谁，曾和白兔来比赛！"知道了吗？它就是小乌龟。有一次我和李宋杰用砖头给它搭了个房子，它探头探脑地从里面爬了出来，歪着头看着我们，好像在说："这个房子还不错，蛮适合我的，如果你们不打搅我就更好了。"

　　因为我有动物乐园，动物们经常有新的变化，所以小伙伴们就更喜欢来我家玩，跟我的动物朋友们玩。动物给我的生活增添了很多乐趣。

1月4日 / 星期五 ☀ 晴

"老师,我借书!"

"老师,我借书!"

"第二层,自己找。"

书橱第二层是四(2)班的书,紧靠橱壁的几本是教师自己的。

"老师,我借这本。"

"哦,好好看。"教师抬起头,认真看了一眼孩子手中的书。孩子希望老师看见,孩子能将老师的"看见的目光"印在心里、渗进书中、带回家去,然后在家里——在老师"看见的目光"里"好好看"——读完那本书。

"哈哈哈哈……"教师放下弗兰克尔的《道德的基础》,走过去,点着那排烫金的宋体大字念道:"帕、夫、雷、什、中、学!你要看《帕夫雷什中学》吗?""嗯。我要看。"再笑一回,教师又念那排灰色的楷体小字"苏、霍、姆、林、斯、基!你要读苏霍姆林斯基的书吗?""嗯,我要读苏霍姆……"

又一通开怀大笑。笑够了,教师才说:"这是老师看的教育理论,不适合你。等你长大了,也当老师了,再看苏霍姆林斯基的《帕夫雷什中学》吧!他可是伟大的教育家哦!"

"喔。"孩子答应着,又看看手里的书,似乎有点舍不得,又似乎是要牢牢记住"苏霍姆"的模样:墨绿的封面,封面上方正中一张黑白照片,烫金的"帕夫雷什中学",灰色的"苏霍姆林斯基"。最后只得将它放回紧靠橱壁的原处,重新挑选起来。

"老师,我借这一本。"教师认真地看一眼,是小说《逃跑的孩子》。

"你不该笑人家的。你应该让他拿回去,看他明天怎么说。也许人家就能看进去呢。薛,别得意了,没准儿,一个未来的教育家刚刚给你毁了。"瞧我还在兀自傻乐,小安忍不住要扫我的兴。这是我们死党之间特殊的亲密方式。

"你这不是吓我,是在抬举我呢。一言毁人,看云作用有这么大吗?再说,你也太小看我们的孩子了!不经历风雨怎么见彩虹,没有人可以随随便便成功——命中注定成名成家的人,有这么容易毁掉的吗?你猜我笑什么?外国书,那样板扎厚实,那样素朴典雅。看中这副模样的一本书,说明什么?"

"说明你们小孩阅读品位高呗!说明你看云教育水平

高呗！"

"就是。教师就是要善于发掘，就是要善于放大学生还有自己身上的闪光点！有优点，要表扬和自我表扬；没有优点，创造优点也要表扬和自我表扬！"

"老师，我借书！"

来的是这学期转来的魏鹏和罗照伟。这对"新生"，隔一天换一回书，贪婪有如饕餮。大约是商量好的，两人径直拿走了两本科普小读物——"小口袋大世界"系列丛书之《石油的一家》和《毛毛虫的一生》。书很好，可惜字太小。

从上学到放学陆续不断，每天借书、换书的孩子总不少于十人。如果登记，光是借书，就会耗掉教师很多时间精力，教师所有的课下时间就会被分割得七零八碎。所以，一开始，我们就没有实行借阅登记制度，而是任由孩子来借来换。有时候，班主任一进教室，学生就把看完的书放到讲台上，然后在教师的眼皮底下交换。"你们可以在下面自行交换，不必当着老师的面，在讲台上换书，也不必到办公室换书。"然而，他们就喜欢这样。既然他们喜欢老师看见他们换书，老师就应当喜欢看见他们换书。教师也应当知道孩子们都喜欢看什么书。

四（2）班的班级共用图书上都盖着"坐看云起"的印章，四（1）班的印章是"一脉书香"，小安的是"开卷"。

如此充分信任，如此稀里糊涂——每学期都有书遗失。没有孩子会故意将班级图书归为己有，教师相信孩子是忘记还了。必须相信他们，否则，教师将因为几本书而陷入借阅登记的泥潭。在我看来，教师的轻松舒服，就是班级最大的利益所在。"以人为本"是教育原则——这里的"人"，首先是教师，然后才是学生。有几个疲惫的教师，就有几个郁闷的班级。

这绝不是偷懒，始终记得：我们所做的一切，都是分外的、冒险的事情。其他教师不做，既正确又安全。所以乐此不疲，所以不惧"一费制"的高压线给自己没事找事，只是因为我们贪图、我们需要孩子对于阅读的热爱。所以，在班级读书这件事上，怎么简单怎么来，尽量减少教师、学生的事务性负担，这也是我们的原则。

"老师，我借书！"

十分钟不到的工夫，就来了第四位。这回是五（2）班的栾兆丰。他和他的母亲金钰都是"云门弟子"的编外成员。为了能够在四（2）班借书，除了随班购买《昆虫记》，他们还缴了20元的"门槛费"。我可不愿意其他班级的孩子都来我这里借书。所以接纳栾兆丰，不是因为多缴的20元钱，而是因为孩子母亲的缘故。自从2007年暑假操场散步一席话后，金钰就成了热心的儿童阅读推广人。开始是从我家借书，后来她就带着一帮妈妈网上购书。一批接一批，好像不要钱!

2007年11月底,一个大雾的晚上,我和先生散步去看望母亲。行到母亲所住的3号楼时,看见路灯下面有两个人正头挨着头地共看一本书。那个年轻的,正是金钰;那个头发花白的老人家,竟是金钰的母亲钟师傅。

"薛老师,你来看。我正在给妈妈讲这本图画书呢。好有意思哦!比这本书更神奇的,是小小孩看书的反应!"一周之后,我、小安、严老师都有了那本《谁藏起来了》。

"我家这个女儿啊,现在迷儿童阅读迷得不得了。带着一大家子,从老头老太到小娃娃,都在看图画书!"雾气蒙蒙的路灯下,钟师傅朗声说。无疑,图画书也给她的退休生活带来了很多乐趣。

12月2日,我在深圳央校的讲演中说:

"从一间教室到一间教室,从一位母亲到一位母亲。美好的事情是有生命的。而生命是主动的——主动的生命一旦被激活,就会自己往高里长、往远处播。

"当初,只是因为学生多,忙不过来,所以呼吁家长'请跟我来''请和孩子一起读'。帮老师一把,扶孩子一程。三年过去了,事情的发展远远超出教师的期待。因为信件,因为网络,因为童书,因为论坛,因为今天这样的聚会,因为同仁们的努力——很多孩子正在成为改变父母的温暖而柔软的力量,很多母亲所读所涉已经远远超出了教师的视野。母亲,主要是母亲,一个接一个的母亲,就像一盏接一盏点燃的明灯,正在成为最富热情的儿童阅读推广人,照亮她们的周围。

"比千军万马还有力量的,是一种适逢其时的思想。我们庆幸自己所做的正是这样一件适逢其时的事情。当越来越多年轻的父母,围拢在童书的周围,围拢在孩子的周围,大声读给孩子听;当越来越多的婴儿、幼儿在母亲的怀抱里聆听朗读,在父亲的膝上抚摸书页——我们怎么能说自己对于学前教育,对于儿童6岁以前的事情无能为力?

"教育的本质是以树摇动树,以云摇动云。

"阅读从哪里开始?只要我们愿意,只要我们努力,我们可以深信,对于那些正在被感动、正在被点燃、正在被摇动的人们来说,阅读从我们胸中卷着波澜的一点教育良知开始。"

附:

全家一起看童书

金 钰

由日本童书作家大西悟制作的《谁藏起来了》,是一本乍看起来好幼稚好幼稚的低幼绘本。全书由18个人们比较熟悉的动物剪贴画按固定的顺序排列组成。单纯规矩的形式和丰富鲜艳的色彩很吸引小朋友的眼球。

但是，细看之下我们发现这绝不是一本幼稚的图画书，随着一页页向后翻开，问题的难度递增，当翻开最后一个跨页时，我和老公傻眼了——漆黑的底色上一双一双亮眼睛仿佛是在嘲笑我们，这页的问题是：猜猜看，这些眼睛是谁的？我们感觉问题太有挑战性了！太有挑战性了！

我们把这本书给儿子看。一开始儿子觉得这书还不是"小儿科"（这种想法是我和他爸先前的言谈干扰所致）。"这有什么难的？"儿子一边嘟囔一边翻看，一页页的问题果然都被他一一准确答出，但看得出小家伙渐渐感到了压力。当翻到那幅缀着一双双亮眼睛的黑色画面时，儿子"啊"地叫了一声，这样的安排太出乎他的意料了，心气高傲的孩子以为能得满分呢。此时儿子有点傻眼，有点着急。后来，实在答不全了，儿子说："再看一遍……"隔天，儿子已能全部记住动物们的名称和位置了。

同样的书给小宝和璨璨看，情况就有点儿不一样。小宝只有两岁多，璨璨也只是个三岁半的小姑娘，他们完全没有"压力""挑战"这样的概念。这样的书给他们看就是在做快乐的游戏。不识一字的小宝和妈妈一起看书做游戏有的只是新鲜、好奇和愉快。璨璨看这本书时眼睛发亮、神情专注，这本图画书很吸引孩子。令我们全家惊奇的是小孩子的非凡记忆力，他们在妈妈的讲述下自然而然地记住那些动物的名称、形态和位置，不是像我们这些成年人要刻意去记，小小孩儿是被动记住的，就连最后这个"超难"的眼睛画面，孩子也能将它们大部分对上号，我们全家甚为惊叹！

1月7日 / 星期一 ☀ 晴

艰难的成长

一、定调:"它们多么快乐,多么自由!"

《鼹鼠与小鸟》。文,[英]马杰里·纽曼;图,[英]帕特里克·本森。故事简洁隽永,即便没有图画,单是情节本身已足够感人。然而,既然是图画书,教师就须引导孩子好好看图,读出文字之外的美感和寓意。

封面:蔚蓝的天空笼盖在一片开阔的绿野上,天空中飞翔着伶俐的燕子。线条柔和的田野上,立着鼹鼠拙朴的家园。小鼹鼠推着平板小车,车头坐着一只雏鸟。小鸟抬头挺胸,正和小鼹鼠说着什么。

"我知道了!是小鼹鼠收养了小鸟!""然后呢?"教师问。"然后,然后……"

翻书,入眼的第一幅是长长的跨页:辽阔晴朗的蓝天,仿佛融化在蓝天里的浅淡的云朵,东一只、西一只展翅飞翔的鸟儿。右下角,是一道微微隆起的黄色的温暖的缓坡。

"这面一个字也没有。"教师说,"你们看见什么了?"

"蓝天、白云。""飞翔的鸟儿。""还有草坡。"

"一点都不连贯!一点都没有感觉!再来,不连贯,没感觉,我就不念了。"

三四个孩子说过之后,三四次提示指点之后,终于听见晏楚芸激越响亮的朗诵:"无边无际的蓝天,洁白飘逸的云朵。一只只鸟儿在蓝天和白云之间展翅飞翔。啊,它们多么快乐,多么自由!"

"无边无际的蓝天,洁白飘逸的云朵。一只只鸟儿在蓝天和白云之间展翅飞翔。啊——"教师将画面高高地举定,"它们多么快乐,多么自由!"全班同学抬起头来,看着画面,齐声接道。

他们的声音是上扬的,他们的目光是热切的。这意味着渴望飞翔的种子已经播下,整本书的基调已经奠定。

教师点了点头:既满意于学生的表现,也满意于自己能够于无字处读出深长意味。这可是很容易被人忽视的蝴蝶页哦。翻过扉页、版权页,逐页看图、听读。

二、讲述："哟嗬！我要飞啦！"

小鼹鼠发现了一只从窝里掉下来的小鸟。

小鼹鼠等啊等啊，可总也等不到鸟妈妈回来。

于是小鼹鼠把小鸟带回家。他给小鸟做了一个窝。"妈妈快来看！"小鼹鼠高兴地喊着。

"照看小鸟是一件很困难的事情。"妈妈说。"他会死的。"爸爸接着说。"我的小鸟才不会死呢。"小鼹鼠说。

小鼹鼠和他的小伙伴们一起去给小鸟找吃的。

妈妈教小鼹鼠怎样给小鸟喂食。只要小鸟唧唧一叫，小鼹鼠就马上给它喂食。小鸟一天天长大了！

"它是我的宠物鸟。"小鼹鼠宣布。"可它是一只野生的小鸟。"妈妈告诉小鼹鼠。这时，小鸟扑扇了几下翅膀。

"你的小鸟正学着飞起来呢。"妈妈说。"没有！"小鼹鼠哭着说，"我不许它飞走！"

小鼹鼠找来一些木头和钉子。

他还从爸爸那里借来了工具箱。

"你在做什么？"爸爸问。"给我的宠物鸟做个笼子！"小鼹鼠回答说。

"可它不是宠物鸟,是一只野生的鸟。"爸爸说,"你应该让它去飞。""才不呢!"小鼹鼠喊道。

小鼹鼠把小鸟放进了新笼子里。小鸟好难过。

妈妈也好难过。可是小鼹鼠一直守着他的小鸟。因为他爱它。

这时,爷爷来到小鼹鼠家。他看见了小鼹鼠的宠物鸟。

爷爷说:"小家伙,咱们出去走走吧!"

爷爷带小鼹鼠来到了一个很高很高的山顶上。

教师暂停,举起图画,问:"老师为什么停下来?"

"这张画我们看过!""这幅画和最前面那张很像!""也有蓝天和白云。""也有小鸟。""也有草坡。""草坡变大了。""草坡上有人。草坡上,手拉手走着小鼹鼠和他的爷爷!"

小鼹鼠向山下望去,远处是一片茂密的森林。

风在耳边呼啸,小鼹鼠心中充满了飞翔的渴望。

"哟嗬!我要飞啦!"小鼹鼠大声地喊道。"就要飞起来了。"爷爷说。

教师又一次停了下来。"你们爬过山吗?"

"爬过!"

"想象一下,想象一下!此时此刻,你就站在山顶,抬头是蓝天、白云,低头是茂密的森林,身旁是飞翔的鸟儿,耳边是呼啸的风声。此时此刻,即便没有翅膀,你的心中也一定充满了怎样的渴望?"

"飞翔的渴望!"

"哟嗬!我要飞啦!"教师大声地喊道。

"哟嗬!我要飞啦!"学生大声地喊道。

"哟嗬!我要飞啦!"教师放声地喊道。

"哟嗬!我要飞啦!"学生放声地喊道。

小鼹鼠回到家,立刻跑去看他的小鸟。小鸟正呆呆地站在笼子里,一动不动。

"小鸟应该去飞。"小鼹鼠把笼子的门打开,让小鸟飞走了。可是小鼹鼠却哭了,因为他爱它。

第二天,小鼹鼠来到树林里。看着天空中自由飞翔的小鸟,小鼹鼠开心极了。

三、讨论:"小鼹鼠很了不起!"

韩玉琤:"我还以为小鸟会回来看望小鼹鼠呢,可是它没有。小鸟也真是太不够意思了!我替小鼹鼠感到失望。"

"我猜小鼹鼠也有些失望。他是多么爱小鸟啊!可是来到树林,看到天空中自由飞翔的小鸟,小鼹鼠又开心起来!这是为什么?"

"爱一个人,就该让它自由。""不能把自己的快乐建立在别人的痛苦上。""在山顶上,小鼹鼠体会到了小鸟的痛苦。""在山顶上,小鼹鼠理解了小鸟想飞的心情。""小鼹鼠宁可忍受孤独,也不愿让小鸟回到笼子里。""自私的爱不是真爱!"

金佳岷:"我好佩服鼹鼠爷爷。他从头到尾没有说一句要放小鸟的话。爷爷带着小鼹鼠去爬山,他让小鼹鼠体会到鸟儿飞翔的渴望和被关在笼子里的痛苦。结果呢,小鼹鼠自己回家放了小鸟。"

韩玉琤:"鼹鼠爸爸和鼹鼠妈妈也很伟大!他们一直教育小鼹鼠要放了小鸟。小鼹鼠不听,那是小鼹鼠的事。爸爸妈妈仍然是很善良、很伟大的!"

"是啊。从头到尾,无论是开始的陪着小鸟等妈妈,还是最终的放鸟归林;无论是精心喂养,还是制作笼子——整个过程中,小鼹鼠都是那么善良,那么富有爱心。可以这么说,小鼹鼠能够这么善良这么富有爱心,一定是父母长期影响教育的结果。可是,当父母反复劝他放鸟的时候,小鼹鼠却反复说着'才不呢!'这样的话拒绝放鸟。有一个问题:

小鼹鼠真的不知道小鸟属于树林和天空,鸟儿应当自由飞翔吗?"

"他其实是知道的,可是他太爱小鸟了。""那时候他还不知道鸟儿不能飞翔的痛苦。""小鼹鼠舍不得小鸟离开。""他害怕孤独。"

"所以,放走小鸟的时候——"

"小鼹鼠哭了。"

"所以,看着天空中自由飞翔的小鸟——"

"小鼹鼠笑了。"

"谁很了不起?"

"小鼹鼠很了不起!"

四、主题:"最贴近儿童的那一条"

讨论的落脚点最终定在了小鼹鼠身上,定在了"理解与尊重"的主题上。在痛苦与不舍中,小鼹鼠艰难实现的是对于小鸟的理解与尊重,其实也是自己的精神成长。经历收养和放归这件事后,小鼹鼠必定变得开阔、坚强——更善良。理解、尊重别的生命,是一种慈悲,也是一种智慧。所谓思想能力,所谓精神境界,其实就是对于他人感受的想象与体察的能力。那些唯我独尊、铁石心肠的人,其实也是精神残缺的病患。他们的灵魂是如此羸弱,根本无力站在别人的立场——去想象、体察别人的感受。

教育智慧当然是《鼹鼠与小鸟》的主题之一。一个好绘本,值得汲取和阐发的地方一定有很多,然而一次讲述我们只能确定一个主题。面对孩子,随讲述和讨论自然导出的主题,就应当是最贴近儿童的那一条。

1月10日 / 星期四 ☁ 阴

赛诗会

"下周举办'赛诗会'。内容为迄今为止我们已经背过的90首唐诗。交来父母签字的90首全部会背的证明字条,就算取得了参赛资格。"上周四,教师宣布。

字条陆续交来。截至今天上午,一共收到33张条子。比赛还未开场,目的已达八成。

33人分为3组,每组产生3名优胜者——这是预赛。比赛方式十分简单,对着《唐绝句·飞鸟集》目录,从后往前依此提下去。一人一首诗,卡壳就下场。选手紧张,观众激动,赛场气氛异常热烈。

复赛开始了。9名高手一字排上讲台的时候,下面起了掌声和呐喊。"高陈,拼搏!""金佳岷,努力!""方子妍,大声!"孩子们呼唤着好友的名字,各自为好友加油。为了缓解选手的紧张情绪,也为了让赛场热潮变成孩子心中持续的热力,教师请落马的同学发言。

"为了比赛,我准备了一个星期。今天落选了,我很服气,因为台上的同学比我背得熟。我要向他们学习。"

"我被淘汰是因为我太紧张了。有了今天的锻炼,以后我会好些的。"

"我知道了,要想赛出好成绩,光是自己在家背得熟还不行,还要平时积极发言,响亮发言。"

"虽然我被淘汰了,可是我的好朋友进入复赛了,我一样感到高兴。"

复赛开始了。因为都是高手,比赛瞬间呈现白热化状态。教师依次点题,学生应声而诵,承接一次比一次流畅,声音一个比一个响亮——"梁园日暮乱飞鸦,极目萧条三两家。庭树不知人去尽,春来还发旧时花!"到后来,背诗成了喊诗。"好!""好哇!"一首喊毕,一阵喝彩。观众齐齐热血沸腾,选手个个斗志昂扬。所谓风助火力,水涨船高,场上气氛堪称火爆。

决赛开始了。决赛在胡婧怡、李智炫、韩玉琤之间进行。教师一点都不意外。上周五,第一个交来字条的就是李智炫。在这最后阶段,赛的是熟练程度,更是沉着、气势和胆量。

一浪高过一浪的欢呼、喝彩和加油声中,冠军、亚军、季军分别归于胡婧怡、李智炫、韩玉琤。奖品相当丰厚,分别是梅子涵的《相信童话》、科普图书《熊的真相》和绘本《艾玛踩高跷》。

"你们有什么想说的吗?"教师问。

"我没有想到李智炫能够夺得亚军,我想他一定为这个花了很长时间。只要功夫深,铁杵磨成针。我们每一个人都可以从这次比赛得到教育和鼓舞!"晏楚芸说。

"我在家也准备了很长时间,没有想到连复赛都没能进入。今天,我看到了自己和同学之间的差距。以后……下一次,我要更加努力,争取取得好成绩。"鲍秉轩居然哭起来了。

"功夫不负有心人。基础差一点不要紧,只要你努力,只要你付出,一样可以和班级最优秀的同学站在擂台上一决高低!"项文静说。

情绪激动的学生没有意识到,可是教师注意到了:一场比赛下来,大家的发言水平立竿见影地有了提高!这就是神奇的比赛效应。谁说赢家只是拿到奖品的那几个?

"老师,晏楚芸她说错了。其实,我并没有特为今天的比赛花费很多时间。能够取得这个成绩,都是因为我每个星期都好好背诵,好好复习。"李智炫朗朗地说,他一向是有些口吃的。

"胡婧怡,你呢?"教师转头问。

"我也是。"细细小小的声音。呵,真吝惜啊。

"你们听见没有?"

"听见了!"

附:

赛 诗 会

韩玉琤

"咚咚咚咚,咚咚咚咚"一听到这声音,就知道要上课了,我可紧张了,第一是因为这一堂是赛诗会,第二是因为我心里总没底,我背得再怎么熟,却还是很紧张,就是不知道为什么紧张。

教室的窗子边出现了一个熟悉的身影。李卓然突然转过身,摇了我几下大声说道:"我该怎么办啊!"呵呵,看来不只是我一人紧张到"发癫"的地步啊。

薛老师跨着大步走上讲台,在黑板上写下了"赛诗会"的字样,转身对我们说:"同学们!今天是赛诗会。所有报名的同学我们分组进行预赛,分三组,每组十一人,预赛比完后只剩九人,所以每组进行淘汰赛,直到剩下三人,那三人进入复赛,复赛后要淘汰掉六名,剩下三名来争第一,听明白了吗?""听明白了!"我们一起大声说。

比赛开始了,第一组的第一轮预赛一下就被刷下去好多人。比赛可真激烈啊!大家互不相让,为了争得第一名,拿到那诱人的奖品——一本《相信童话》。可以看见薛老师满面笑容,可能是看到这么多优秀的同学,很高兴吧!

终于轮到我了,我蹲了三下,蹲到李卓然的后面,位子也比较重要嘛!"你来背《登科后》。"我立刻受了"命令"似的大声背了起来:"昔日龌龊不足夸……"我很快背完了这首诗,我过了一关啊!我真高兴。又轮到我了,我又很熟练地背完了,我越来越有信心了!讲台上的同学渐渐减少,最后只剩下四个人了!只要再淘汰一个,我就有机会进入决赛了!果然,我和另两个候选人进入了复赛。

第二节课,复赛开始了,真激烈!我过了一关又一关,像拿着一把宝剑的勇士,一路拼杀,劈开层层蒺藜,要拿到城堡中的宝藏。我用手中这把充满自信的锋利"宝剑"杀出了一条前进的路,我竟然顺利地杀进了决赛!

决赛我也毫不怠慢,只剩下李智炫、胡婧怡和我了,现在是谁第一、谁第二、谁第三的事了,完全比预赛好多了,我紧张的心才慢慢平静,心里悬着的石头终于放了下来。班里静静地,只有我们三个背诗的声音。"你背《春夜洛城闻笛》。"顿时我脑子一片空白，一秒后，我想起了后三句，第一句怎么也想不起来了，我只好得了个第三名，不过我觉得在这么紧张的情况下得了个第三名，已经比较好了。我的奖品是一本绘本《艾玛踩高跷》、一张"长袜子皮皮"碟片、一本无字的小小绘本，还有两颗软糖。经过这次比赛后，我总结的经验是：平时好好背古诗，比赛就没什么担心了。哪天再来一次背诵比赛，我一定会得第一的！（1月10日）

1月17日 / 星期四 ❄ 雪

猫眼看世界

一、我来到了芸芸家

2007年12月13日,我来到了一个新家。我怯怯地向四周望了望,主人会对我怎么样呢?我很是疑惑。噢!大家可能不认识我吧?那请让我自我介绍一下:我是一只可爱的小猫,身长15厘米,一只耳朵白,一只耳朵黑,脸和肚子上的毛是白色的,背上有黑白相间的花纹,还有一条又黑又细的小尾巴。白色的小耳朵还给烧焦了,结了一个大硬壳子,可疼了。你们想知道我的来历吗?一言难尽,让我慢慢道来……

我是一位猫小姐,和猫妈妈走散了。今天早上,我和猫妈妈一起去找吃的,睡眼惺忪的我为了追一只受伤的小鸟迷路了,妈妈也不见了。我伤心地沿着围墙走啊走,无意中进了一扇大门,里面有好多房间,这是一个办公的地方。我找来找去,只有一扇门留有一条缝,我毫不犹豫地钻了进去。

哇！太好了，有一台取暖器正开着，太温暖了，如妈妈的怀抱。我很冷，所以慢慢地挨近取暖器边，趁人不备，一下子跳到取暖器的底座上，因我太小，我来了好长时间都没人发现我。后来，那里的工作人员发现了我，她们说："小猫挺可怜的，让它再多待会吧！"我一边烘着，一边想着：晚上吃饭怎么办呢？在哪儿住呢？唉！我当时只能干着急。

快下班了，当工作人员打算把我赶走时，我的救星来了，她是芸芸妈妈，来这里办事的。她给她的女儿打了个电话："芸芸，这儿有一只小猫咪，好小好脏，要不要妈妈洗洗带回来？"过了一会儿，芸芸妈妈和那里的工作人员一起给我洗了一个热水澡，把我带回了芸芸家。哈哈，你们明白了我的身世了吧？我是一只只有一个多月大的流浪猫，不过小猫我是很讨主人欢心的噢，我得努力让芸芸一家人都喜欢我，我保证不闯祸，要让芸芸一家人都觉得我是世上最可爱最可爱的猫，舍不得让我走！

今天，我来到了芸芸家，成了一只家猫，我好幸福！

（晏楚芸　2007年12月13日）

二、我好想和主人一起睡

"喵……"我叫着。天黑了芸芸她们在干什么？我跑到了芸芸的房间。门只留了一条缝，怎么也进不去。芸芸的妈妈看到我啦。她和芸芸一起说："进来吧！"我进不去，只好"喵、喵"地叫着，希望有谁来帮我开门。足足等了20多秒，什么动静都没有。我只好自己想想办法了。我先拱，拱开了一点，有希望啦！我费了九牛二虎之力，终于进房间了！

我发现，芸芸和她妈妈在床上看书呢！看她们这么舒服，我吃醋啦！"嗞啦嗞啦"我利用尖利的爪子"噌"地上了床。芸芸先发现了，跟她的妈妈说了几句话。芸芸妈妈二话不说，就用枕头把我硬推下了床。呜呜！不公平！为什么我不能上床，而她们可以。

我换了个不好发现的地方上来了，没用，还是给那眼尖的芸芸发现了。芸芸妈妈打了我的屁屁，我捂着屁股跳上旁边的一把椅子上，背对着主人。咦，芸芸妈妈怎么还不罚我？我偷偷地回头看了一眼，没事。我不放心，又看了一眼，这才转过身子。哼！她们怎么笑得这么开心！

只见芸芸伸手过来摸了摸我，我温顺地叫了两声，认为她们已经原谅了我。我得好好表现，讨好她们。我抖了抖身上的铃铛，蹭了蹭小主人芸芸的手，四脚朝天，让芸芸抓我的肚皮。我把全身最宝贵的地方交给她了。她摇了摇旁边的妈妈，让她看看我这个动作。芸芸爱怜地将我抱起，我幸福地向她抛了个媚眼，她更兴奋了。

就在这时，我听到了她的妈妈对她说："我们家的猫几乎什么地方都上过了，除了床和饭桌。我们必须得保卫好自己的'领地'，不要让猫咪弄走了。"嘿，我？敢上饭桌吗？这点我是懂事的呀！床嘛，也不是故意的，我也想我妈妈了……芸芸和妈妈拉灯睡觉了，我呢？也在椅子上熟睡了，梦里我和妈妈一起扑蝴蝶……

（晏楚芸　2007年12月29日）

三、2007年的最后一天

今天我可起得真早呀！五点就醒了，习惯性地守在门口，看哪位主人先发现我。不知道守了多长时间，芸芸推门进来，用手摸摸我。我讨好地在她脚边绕来绕去，伸了伸前腿，接着又伸伸后腿，跟随着芸芸来到她的房间。"喵，喵，我进来了！"我高兴地叫着，一本正经地"坐"在后腿上，用责怪的眼神望着她们母女俩，这么晚了,还不起床,急死啦!可恶!我肚肚咕咕叫了!她们对我不理不睬,继续睡她们的大懒觉。

半个小时过去了,我叫了几声,芸芸妈妈的睡意没啦!她先下床,一把将我搂得紧紧的,我发出了微弱的声音:"紧了,太紧了!"她的女儿芸芸听到我的叫声后马上下床,帮我抓肚皮,可舒服了。只听芸芸妈妈说:"今天是2007年的最后一天了,明天就是元旦了。"

2007年的最后一天?我刚生下来2个月就能跨一年了?哇!我太厉害了。芸芸又轻轻地摸了摸我,我嗓子里发出了温柔的"咕噜"声。吃过早饭,我在芸芸家悠闲地转圈子,看看还有哪些地方没去过,转累了,我又去加了点餐,洗了洗脸,在阳台上我的宝座里美美地睡了一觉。

到了傍晚,芸芸说为了迎新年,要给我洗澡。说着,芸芸妈妈接了一盆热乎乎的水,她先试了一下水温,把我放了进去,我不习惯,努力挣扎着想出来,可她将我按得紧紧的,还向我身上浇水。一阵香气飘来,我知道要给我用香波了,还是芸芸妈妈的飘柔哩!不一会儿,要换水了,芸芸妈妈用布把我包好,怕我受凉。在第二盆水中我都泡得不想出来了。芸芸出于好玩对我说:"咪咪,来学游泳。"说着拿起我的前爪,做了几个自由泳、蛙泳的姿势。

我现在喜欢洗澡了，因为我变香后，芸芸一家人就更爱我啦！

（晏楚芸　2007年12月31日）

四、教师的话

去年没有下雪。

一周以来雨雪不断。天气预报说19日开始，全国又有一场为期一周的大范围降雪。天气异常寒冷，在这滴水成冰的日子里，雪地里时常听见流浪猫凄厉的叫声。今天的读书课上，晏楚芸连读了三篇日记——显然，《猫眼看世界》还远没有结束。"我得努力让芸芸一家人都喜欢我，我保证不闯祸，要让芸芸一家人都觉得我是世上最可爱最可爱的猫，舍不得让我走！""床嘛，也不是故意的，我也想我妈妈了……""我现在喜欢洗澡了，因为我变香后，芸芸一家人就更爱我啦！"听到这些句子的时候，不少孩子眼圈红了。

"写书其实很简单。《猫眼看世界》一直写下去，就是一本不错的书。"听见教师这样说，很多孩子兴奋不已。

郭乐的书写得怎样了我不知道。紧跟郭乐，丁若琳当天也来了写书的冲动，"可是妈妈坚决反对。妈妈说，如果大考成绩不好，就不要提写书的事情。看来我只有等到寒假了——这让我幼小的心灵蒙上很重的阴影。"马静婷妈妈告诉我，马静婷一个多月以来一直忙着写书，"马静婷负责编故事，刘月辰负责插图。两个人一放学就在一起研究，商量来商量去，严肃得不得了！"就在今天，李自成刚刚写下的日记标题是《突然想写一本书》。

  小朋友向来都是怕写的多。对于班级来说，这种自然生成、自然传递、自然提升着的表达热情和表达自信是弥足珍贵的。于中得益的绝不只是语文一科。写作是一件耗时间费心力的事情，热心于写作的孩子必将更加热切地投入阅读和汲取。这样一来，因为佼佼者的领头弄潮——班级的风气也更容易变得书香蕴藉、健康向上。

1月28日 / 星期一 ❄ 暴雪

不是我相信,而是我知道

期中测验之后,教务处让语数外教师根据需要上报上午加课时间。小学除了早自习,上午已经统统三节课了。孩子,尤其是低年级孩子已经很累了。可是,谁敢不加呢?于是一、二年级每周语文加三节,数学加两节;三至六年级每周语数各加两节,英语加一节。只有我和小安没有加。

11:40,四堂课结束;11:30,工厂下班。每天中午,校门口接孩子的家长黑压压一片,蔚为壮观。小学就这样,中学何以堪?这是否是杀鸡取卵?然而大考当前,颜面所在——大家只能"铁路警察,各管一段"了。

期末成绩出来了,总共17个班,四(2)班语数外三门的人均分分别排7、4、4,优秀率分别排7、5、4,及格率分别排10、6、5。知道的结果就是这些。至于班级排名、学校排名、开会"拎人"——已经不提。

总体成绩不错。数学老师李老师严抓不懈的韧劲得到了回报。英语提高最大——高老师是招聘来的,教学很负责,学生很喜欢。班主任呢，也常在下课铃声响起的时候堵在教室门口，抓违纪、拖拉的家伙。这是下策，然而面对大班，你只能用此下策。很早我就宣布："英语统考得满分的，奖励英文绘本！"30日拿成绩单的时候，有六个孩子可以拿到渴望已久的重奖，他们是：化雪纯、马静婷、宋振亚、李宋杰、张悦媛、项文静。

语文"薄弱"合情合理。考试的事情，多做多练和少做少练自然是不一样的。何况临近考试的若干天里，有若干堂课学生都是在自由阅读中逍遥度过的，且有音乐伴奏。对比我们为考试所做的付出，这样的结果没有理由不接受。

教师需要检讨的是："由远而近"的复习计划没有很好地执行，远得往而不返、过分轻松。还有，平时教学教师基本不看教参，文中疑点学生有问才答，过分倚重联系语境理解词义的能力。即便解释，也比较随意。比如"元日"，孩子们都解释成"春节"，如果当时教师给的答案是更加准确的"农历一月一日"，人均分就会上来将近一分。教学粗放直接导致学生丢分，这是教师的责任，今后一定改正，备课、上课尽力做到细致严谨。"神州"没有讲过，很多孩子，包括骆梦茹、罗照伟、李志成这样成绩中下的，都能解释为"祖国"，这显示了他们联系语境理解词义的能力。毕竟，比起记忆教师的解释，这是更可靠的得分能力。

下学期怎么办？在进一步完善课堂教学，向40分钟要质量要成绩的同时，一如既往、我行我素：诵读、朗读、阅读、分享。不是我相信，而是我知道：比卷面分数更过硬更真实的语文水平乃至学习能力是孩子对于阅读、思考、表达的热爱，是孩子在阅读、思考、表达方面所达到的水准；比可以量化可以排序的分数更宝贵的，是儿童在学习过程中获得的归依、安全、兴奋的感觉。就是不想加课，就是不舍得让自己和学生一年到头的忙碌只围绕着一本教材，只为了一场考试——哪怕我是倒数。

2004年9月以前的20年里，关于语文，从来只关心学生读得怎样、写得怎样，从来不在意他们的分数——家长问分，从来都是三个字"不记得！"当然，敢于这样是我知道他们不会差到哪里。可是到了这届，我却对考试相当重视，为什么？因为学生人多，希望得到家长的帮助。感染、影响家长的前提是先被家长感染、影响，是发自内心地尊重、理解家长对于分数的渴望。毕竟分数是把硬尺子。然而最终，我还是希望家长拥有更为开阔、更为理智的成绩观——尤其是语文成绩观。

语文成绩突飞猛进需要隆重表扬的有：李欣会（93）、魏鹏（87）、宋世君（83）、张婉君（82）、罗照伟（76）。李欣会是三年级转来的，魏鹏、宋世君都是这学期刚转来的。

"你真的和这些借读生有缘啊,看他们一个个,多进步多争气!"严老师不无嫉妒地说。这是真的,相比"老生",新同学往往更加珍惜身处其中并建构着的"和原来班级完全不同"的62中四(2)班。赏乐,他们如痴如醉;朗读,他们凝神谛听;阅读,他们如饥似渴——几乎两天一换,他们是班上借书最勤的孩子。

李欣会坐在最后一排,最后一排是第八排。看图画书的时候,第八排的孩子往往要伸长了脖子。这让教师既心疼又感动。

后排稳则全班稳。本学期评优,我独断了一回:为了避免荣誉集中在固定的学生身上,也是为了表彰后排同学在远离讲台的地方,用他们的勤勉和专注为班级做出的贡献,所有评优名额全部分到后面两排。以后呢?下一学期,中间三排;再下一学期,前面三排。民主不是目的。就管理而言,最适合班级需要的,才是最好的。

完善无止境,我再接再厉。

附录

Appendix

索/引

教师阅读

《我和徐悲鸿》	043
《破茧而出：发现孩子的先天优势》	053、106
《朗读手册》	053
《道德的基础》	196
《帕夫雷什中学》	196
《谁藏起来了》	200

语文教学

《老师，您好！》	011、015
《但愿人长久》	014
《秋天》	020
《天安门广场》	041
《徐悲鸿励志学画》	044
《九寨沟》	060
《开天辟地》	073
《普罗米修斯》	080
作文指导	119
《珍珠鸟》	137
更可靠的写作引导	165
《雾凇》	169

讲述与朗读

《是谁嗯嗯在我的头上》	047
《我是谁？我的爱……》	085
《一件小事的震动》	108
《迟到》	129
《一片叶子落下来》	157

	《达芬奇想飞》	174
	《鼹鼠与小鸟》	204
孩子的文字	《雨中的开学典礼》	018
	《"蔷薇朵朵"今天开》	019
	《开学啦》	019
	《读〈艾玛〉》	028
	《读后感》	035
	《〈窗边的小豆豆〉读后感》	036
	《再读〈爱心树〉》	038
	《再次流泪》	045
	《〈男生日记〉读后感》	069
	《我读〈汤姆叔叔的小屋〉》	100
	《蝙蝠》	117
	《小老鼠的自述》	123
	《写书》	142
	《写书的乐趣》	144
	《我的同学出书了》	146
	《剥毛豆》	148
	《从一米多高的桌子上跌下去》	149
	《噢,Marry!》	167
	《动物的乐园,我的家》	194
	《赛诗会》	215
	《猫眼看世界》	218
给家长的文字	关于座位	004
	《为什么是〈昆虫记〉》	071

/ 231 /

班/级/书/单

中国作品

系列图书

《成语故事彩绘连环画》(全12册):
朱宝荣 / 绘

《成语故事1》
《成语故事2》
《成语故事3》
……

童话版《清明上河图》:
狐狸家 / 编著

《骑驴记》
《回娘家》

中国连环画经典故事系列：红色经典故事2
连环画出版社

《洪湖赤卫队》
《红色娘子军》
《风雪大别山》
《南京路上好八连》
《董存瑞》

《首战平型关》
《江姐》
《鸡毛信》
《红灯记》
《雁翎队》

"小牛顿科学馆"系列(全60本):
台湾牛顿出版公司出品

《恐龙大追踪》
《海马、章鱼》
《黑洞、超新星爆炸》
……

单本图书

《丰子恺儿童漫画集》
丰子恺 / 著

《驿马》
萧袤 / 文,周一清 / 图

《荷花镇的早市》
周翔 / 文·图

《团圆》
余丽琼 / 文,朱成梁 / 图

《驯鹿人的孩子》
彭懿 / 摄影·文

《今天明天后天大后天》
李姗姗 / 著

《戴小桥和他的哥儿们》
梅子涵 / 著

《我的朋友容容》
任大霖 / 著

《最离奇的小姑娘》
郁雨君 / 著

国外作品

系列图书

林格伦作品集：
[瑞典] 阿斯特丽德·林格伦 / 著，[瑞典] 英格丽德·万·尼曼 等 / 绘，李之义 / 译

《长袜子皮皮》
《淘气包埃米尔》

《疯丫头马迪根》
……

西顿动物小说全集:
[加拿大] E.T. 西顿 / 著,[加拿大] E.T. 西顿、于春华 / 绘,王晓丹、孙淇 / 译

《狼王洛波》
《红脖子松鸡》
《公鹿的脚印》
……

E·B·怀特三部曲:
[美] E·B·怀特 / 著,任溶溶 / 译

《夏洛的网》
《精灵鼠小弟》
《吹小号的天鹅》

单本图书

《动物绝对不应该穿衣服》
[美] 茱蒂·巴瑞特 / 文,[美] 罗恩·巴瑞特 / 图,沙永玲 / 译

《狐狸的神仙》
[日] 阿万纪美子 / 文,酒井驹子 / 图,蒲蒲兰 / 译

《你睡不着吗？》
[爱尔兰]马丁·韦德尔/文，[爱尔兰]芭芭拉·弗斯/图

《我的爸爸叫焦尼》
[瑞典]波·R.汉伯格/文，[瑞典]爱娃·艾瑞克松/图，彭懿/译

《玛蒂尔达》
[挪威]罗尔德·达尔/著，任溶溶/译

《老鼠阿贝漂流记》
[美]威廉·史塔克/著，姚雁青/译

《借东西的小人》
[英]玛丽·诺顿/著，任溶溶/译

《爱哭鬼小隼》
[日]河合隼雄/著，[日]冈田知子/绘，蔡鸣雁/译

《时代广场的蟋蟀》
[美]乔治·塞尔登/著，[美]盖斯·威廉姆斯/绘，傅湘雯/译